성공으로 이끄는 리더십

성공^{으로}^{이끄는} 리더십

초판 1쇄 발행 | 2010년 03월 25일
초판 3쇄 발행 | 2012년 12월 20일

지은이 | 김승용

발행인 | 김선희 · 대 표 | 김종대
펴낸곳 | 도서출판 매월당
책임편집 | 박옥훈
디자인 | 윤정선
마케터 | 양진철

등록번호 | 388-2006-000018호
등록일 | 2005년 4월 7일
주소 | 경기도 부천시 소사구 송내동 뉴서울아파트 109동 1601호
전화 | 032-666-1130
팩스 | 032-215-1130

ISBN 978-89-91702-96-7 (13320)

성공으로 이끄는 리더십

비즈니스 컨설턴트 김승용 지음

매월당
MAEWOLDANG

끝까지 **도전하는 자**가 **성공**한다!

　지금 한국 기업은 글로벌 개방화의 물결로 기업 경쟁이 더욱 치열해지고 있다. 그리고 경쟁이 치열해지면서 직장인들의 분발과 근로 생산성을 더욱 강조하고 있다. 기업 CEO들은 돈벌이가 안 된다고 아우성이다. 그래서 질적인 노동력을 요구하고 있는 것이다. 이런 기업 환경에서 여러분들은 과연 앞으로 어떤 각오와 자세로 근무하면 좋은가를 묻고 싶다.

　이때 필자의 조언은 무엇보다 자신을 프로사원으로 개발해야 한다고 당부하고 싶다. 프로란 어떤 일에든지 1등할 수 있는 역량을 말한다. 그러기 위해서는 기본부터 착실히 배워야 한다. 기본이 다져지지 않으면 중도에서 탈락하게 되고 그러면 다시 시작해야 한다. 그런데 여기에서 문제가 생긴다. 즉 일이 나에게 걸맞지 않을 뿐만 아니라 직함을 제대로 받을 수 없게 된다. 그래서 나이를 먹으면서 자기경쟁력을 쌓아가야 한다.

오늘날 한국 사회에서 가장 중요한 현안 문제는 고용 창출이다. 무엇보다 할 일이 없고, 일하고 싶은데도 일터가 없는 사람처럼 한심한 경우는 없다. 따라서 생존 경쟁이 치열하게 벌어지며 인정사정 보지 않는 작태가 여기저기서 나타나고 있는 것이다.

앞으로 여러분도 직장생활을 경험하면서 수많은 역경과 고뇌를 맛보아야 할 것이다. 즉 업무에서, 인간관계에서, 거래관계에서 다양한 경험을 쌓을 것이다. 여기에서 필자는 분명히 당부하고 싶은 말이 있다. 그것은 다름 아닌 대학생활과 같은 달콤한 입맛으로 기업에서 근무한다면 백방으로 퇴짜 맞는다는 점이다. 대학생활은 수강료 내고 강의를 듣고 싶으면 듣고 듣기 싫으면 안 들으면 그만이었다. 그러나 기업의 직장생활은 자기 일에서 이윤을 내야 한다. 그러므로 모든 직장인들은 나이와 능력에 걸맞게 프로사원, 프로인재로 성장해야 한다는 것이다.

직장인 여러분들이 빠른 성공을 하기 위해서는 자기개발 목표를 치밀하게 짜야 한다. 그리고 남을 의식하지 말고 꾸준히 추진해야 한다. 이때는 무엇보다 꾸준한 자기개발 습관이 중요하다고 본다. 습관이 바뀌면 행동이 바뀌고 행동이 바뀌면 일상이 바뀌게 되는 것이다. 따라서 일상이 바뀌면 바로 인생이 바뀌게 된다.

필자는 공직생활 후 20여 년에 걸쳐 글을 쓰고, 취재하고, 강연하면서 작가 활동을 해왔다. 글쓰기 분야에서 한국 최고를 목표로 지금까지 줄곧 써오고 있다. 물론 개중에는 베스트셀러, 스테디셀러도 몇 권 저술하기도 했다. 글쓰기를 처음 시작할 때부터 저술 100권을 목표로 쓰고 있다. 외국 책, 한국 책에서 손을 떼어본 적이 없다. 지금까지 70여 권 이상 저술했는데 몇 년 안에 저술 100권 목표는 무난히 달성하리라 본다.

 무슨 일이든 끝장을 보려면 끈기 있게 매진해야 한다. 명언 중에 목표 없는 인생은 방황이라는 말이 있다. 따라서 방황하는 시간이 많으면 허송세월이 되고 허송세월 뒤에는 낙오밖에 없다고 생각한다. 특히나 새내기직원은 시간을 아껴서 보다 생산적이고 효율적으로 사용해야 한다. 왜냐하면 시간은 저축할 수 없기 때문이다. 그런데 일부 신세대들은 시간과 젊음이 무한대로 존재할 것처럼 마구 써버리며 낭비하는 모습을 본다.

 자기경영은 자기 자신이 해야 한다. 결코 남이 대신해줄 수 없는 문제이다. 따라서 내실 있는 자기경영으로 남보다 앞서가는 차별화된 부가가치를 쌓아야 한다. 그래야만 기업이 인정해 주고 상사가 인정해 주는 것이다. 그리고 책을 많이 봐야 한다. 책 속에 무궁한 지혜가 담겨 있기 때문이다. 그래서 책 한 권이 자신의 인생을 바꾼다는 말도 있지 않은가.

이 책은 대학을 졸업하고 직장에 갓 입사한 새내기직원·중견 간부, 그리고 곧 대학을 졸업하고 직장에 입사 예정인 대학생을 대상으로 기술했다. 따라서 이 책을 통해서 직장생활의 기본을 숙달하는 데 많은 도움이 될 것으로 믿는다. 깊이 있게 탐독하여 실행에 옮겨주기 바란다.

비즈니스 컨설턴트 경제·경영전문작가
김 승 용

자신을 잘 아는 직장인

01

01 자신을 점검해 보라

::

　'일을 최대로 즐겨라. 철저히 일에 미친 사람치고 비참해진 사람은 없었다.'는 말이 있다. 누구나가 자신에게 맞는 직업을 선택하기 위해서는 먼저 어떤 직업과 직장이 있는가를 아는 것이 중요하다. 그리고 과연 '자신은 누구인가, 무엇을 하는 것이 적합한가, 무엇을 하고 싶은가'를 최대한 정확하게 파악하는 것이 중요하다.

　인간이란 다양한 성격과 개성을 지니고 있으며 선호 또한 다양하다. 인간을 표현하는 말을 예로 들어본다면 '머리의 좋고 나쁨, 재능이 있고 없음, 적극적·소극적, 내성적·외향적' 등 여러 가지가 있다. 따라서 누구를 막론하고 인간의 모습을 그리 쉽게 단정 짓기에는 어려운 면이 있다.

　머리가 좋다고 하는 사람은 공부할 때는 확실히 머리의 회전이 빠르지만 사회에서는 생각만큼 머리가 빠르게 돌아가지 않는 사람도 있다. 그런데 언뜻 보면 매우 소극적이라고 생각되는 사람도 자신이 좋아하는 일이면 놀랄 정도로 적극적이고 실력을 발휘하기도 한다.

자신을 표현하려면 대화(말)라는 도구를 사용하는데, 인간이라는 존재는 너무 복잡하고 빠르게 변화해 가기 때문에 쉽게 파악하기 어렵다. 인간을 파악하는 방법은 우선 말밖에 없다. 따라서 복잡한 사정이 있어서 쉽게 말할 수 없는 부분은 표정을 관찰하면서 그 말의 진의를 알고 인간을 파악하도록 한다.

유명한 명언으로 '너 자신을 알라.' 라는 말은 우리들에게 매우 자극을 주는 말이다. 따라서 자신을 아는 일은 우선 자기 자신의 분석에서 시작하도록 한다. 즉 흥미 · 가치 기준 · 능력 · 성격 등 네 가지 점에서 자기 자신을 분석해 보자. 그 방법을 통해 조금이라도 자기 자신의 모습이 선명하게 된다면 다행이다.

그렇다고 해서 분석 진단이 바로 '이것이다.' 라는 식의 직업이 발견된다는 뜻은 아니다. 모두가 알고 있듯이, 하나의 테스트 드라이브(Test Drive)를 해보자는 것으로 각자 자기 자신의 진단카드를 만들어본다.

다양한 인간들 속에서 가장 중요한 문제는 자신이 어떤 얼굴을 가지고, 어떤 위치에 있는가를 아는 일이다. 나에 대해서는 제3자가 더 잘 안다는 말도 있듯이, 다른 사람에 대해서는 비교적 정확한 판단을 내릴 줄 아는 사람도 막상 자기 자신에 대해서는 좀처럼 알지 못한다. 특히, 자기 자신에 대해서는 관대하고 잘못 본 것처럼 말하며 종종 실제 이상으로 높이 평가해 버리거나 또는 반대로 자신을 매우 비하하는 경향도 있다. 따라서 자신의 장·단점조차 파악하지 못하고 치열한 경쟁 사회에서 살아남기를 바란다는 것은, 최첨단 전자전에서 소총 들고 전쟁터에 나가는 것과 다를 바 없다.

그렇다면 내가 나를 알기 위해 무엇을 해야 하는가. 그리고 정확한 판단을 얻기 위해서는 어떻게 해야 하는가. 자신을 직시하는데 가장 중요한 것은 솔직하게 자신을 성찰해 보는 일이다. 특별히 다른 사람에게 보여줄 필요는 없기 때문에 모든 허식을 버리고 솔직하게 자신을 바로 볼 수 있는 자세를 가져야 한다. 그리고 보다 겸허한 자세로 자신을 잘 파악해야 한다. 어느 누구든 장점과 단점이 있기 마련이다. 허심탄회하게 있는 그대로의 자기 모습을 거울에 비춰보는 것부터 시작하기로 한다.

직장인은 거울에 비춰지는 자신의 모습을 보고 여러 각도에서 분석해 볼 필요가 있다. 누구든지 자기 신체의 특징에 대해서는 대체로 잘 알고 있다고 본다. 외모에서부터 말하면 신장·체중·용모 등이 문제가 되고, 다음으로 체력과 건강이 문제가 된다. 특히 건강한 신체를 타고 났는가, 병약자의 몸으로 타고 났는가에서는 큰 차이가 있을 수 있고, 여성 같은 경우 미인 · 추녀 · 몸매의 좋고 나쁨이 적잖이 영향을 미치고 있다.

인간에게 있어 좋아함과 싫어함이라는 것은 참으로 불가사의한 감각이다. 사람의 기호는 가지각색이라고 할 정도로 사람마다 기호가 다르고 좋아하는 스타일도 다르다. 좋아하는 사람에게는 이것 이상의 것은 없다고 생각되는 것도, 싫어하는 사람에게는 돌아볼 가치조차 없다고 느낀다.

자신이 좋아하는 것이 무엇인지 잘 알 것 같으면서도 쉽게 알지 못한다. 무조건 싫은 것도 있고, 잠깐 보기에는 좋지만 계속 가까이 하는 동안에 싫어지는 것도 있다. 좋아함과 싫어함이 그렇게 간단하게 생각대로 구별되지 않는 것이 인간이다.

흔히 테러리스트들은 항상 여론으로부터 비난의 대상이 되지만 그들이 테러를 자행하는 배경에는 그들이 표방하는 사상이 있고, 그들 나름대로의 가치가 있다. 본인에게는 목숨 걸 만큼의 후회 없는 가치가 있는 것처럼 행동한다.

그리고 종교를 가짐으로써 지금까지의 자신과는 전혀 다른 새로운 생각과 행동이 나타나는 경우가 많다. 이와 같이 자기 자신이 무엇에 가치를 두고 무엇을 생활신조로 삼고 있는가는 대단히 중요한 문제가 된다. 그것은 곧 직업 선택과도 매우 관계가 깊다고 본다.

최근에는 적성검사, 지능검사라는 것이 발달하여 자신의 적성과 지능지수를 알 기회가 많다. 하지만 지능지수도 어떤 능력의 일부를 나타내는 것에 지나지 않는다.

일반적으로 머리가 좋다, 나쁘다고 말하는데 모든 것이 그 기준에 부합되지는 않는다. 기상천외한 아이디어를 떠올려 내는 능력이라든가 완전히 새로운 것을 창조해 내는 능력, 혹은 예술적인 감각과 사교성이 좋다든가 하는 사교 능력 등은 다른 차원의 능력이다. 즉, 이런 능력은 머리가 좋고 나쁜 것과는 연관성이 높지 않다.

따라서 능력을 편파적이지 않고 다방면으로 분석하는 테크닉이 중요하며 그렇게 함으로써 그 속에서 무엇인가 새로운 것을 발견할 수 있다.

인간의 성격은 크게 내성적인가 외향적인가로 구분할 수 있는데 이것에도 많은 분류가 있다. 예를 들면 드라이(dry)·웨트(wet)한 성격, 열정적·차가운 성격, 공상적·현실적 성격, 보스형·참모형 성격, 리더형·병사형 성격, 강한·약한 성격 등 열거하자면 끝이 없을 정도로 다양한 형태로 표현할 수 있다.

누구든 분명 자신의 성격에는 나름대로의 특징이 있을 것이다. 성격마다 어떤 직업에는 맞지만 어떤 직업에는 맞지 않는 경우가 있어 자기 성격이 어떤지를 파악해 둘 필요가 있다.

# 자신이 좋아하는
일을 한다

02

인간에게는 각자 선호하는 것이 있다. 남자와 여자가 맺어질 때도 남이 보면 이상한 커플 같아 보여도 본인끼리는 서로 좋아하고, 그 사람 이외에 귀중한 사람은 없다고 생각되기도 한다.

친구들 사이에도 어떤 친구와는 마음이 잘 맞지만 어떤 친구는 왠지 모르게 마음에 들지 않을 수도 있다. 그리고 음식 중에도 매우 좋아하는 것과 조금 좋아하는 것, 좋아하지 않는 것 정도의 구별은 누구라도 가지고 있다. 인간이라면 좋고 싫음이 없을 수 없다. 인간이 인간답게 존재할 수 있는 것은 '선호'라는 하늘이 준 판단력이 있기 때문이다.

그렇다면 자신에게 맞는 것을 선택하는 가장 확실한 기준은 무엇인가? 여러 개의 그림이 있다. 어떤 유명 화가의 그림, 고가의 그림, 그리고 무명 화가가 그린 값싼 그림이지만 마음에 드는 그림, 그 중에서 한 장을 선택한다면 어느 것을 선택할 것인가? 일류 기호가이고 권위에 약한 A라는 사람에게는 처음의 그림, 돈을 기준으로 모든 것의 우열을 가리는 B에게는 고가의 그림이 좋아 보일 것이다. 그렇지만 진정으로 그림을 좋아해 그것을 언제까지나 바라보고 싶어하는 사람에게는 마지막 그림이 가치가 있다. 아무리 유명해도 고흐를 싫어하는 사람에게 고흐의 그림은 가치가 없고, 아무리 고가라고 해도 자신이 선호하지 않는 흥미 없는 사람에게 그것은 그림으로서의 가치가 없다. 즉, 순수 그림으로서만 보면 좋아하는 그림이 그 사람에게 가치가 있는 것이다.

이처럼 자신이 좋아하는 사람은 아무리 무같이 굵은 다리를 가진 여성이거나 또는 곰보 얼굴일지라도 그 사람이 미녀 미남이듯이 자신이 갖고 있는 그 직업을 좋아하면 아무리 사회적인 평가가 낮거나 돈벌이가 시원치 않아도 그 사람에게는 가치 있는 직업이다.

이렇게 볼 때 자신에게 맞는 직업을 찾아내는 일은 간단하다. 요컨대 자신이 좋아하는 직업을 발견하면 되기 때문이다. 그러나 사람들이 자신에게 맞는 직업을 찾는 일은 말처럼 그리 쉽지 않다. 무엇을 좋아하고 싫어하는 것만으로는 판별할 수 없기 때문이다.

물론, 먹는 것은 먹어보지 않고는 모르고 이성도 깊게 교제하지 않으면 속마음까지는 모르듯 직업 역시 그렇다. 직접 부딪쳐 보지 않으면 쉽게 판단이 서지 않는다. 게다가 입에 맞지만 먹는 동안 점차 질리는 것과, 반대로 두리안(durian)과 같이 처음에는 코를 막지 않으면 먹을 수 없다가도 익숙해지면 그보다 맛있는 게 없다고 생각되는 것도 있다. 인간도 몹시 무뚝뚝해 보여 첫인상이 나쁘지만 교제하는 사이에 점점 좋아지는 사람도 있다. 또 잠깐 동안 교제하기에는 좋지만 10분만 함께 있으면 이미 질려버리는 사람도 있다.

즉, 직업의 선호를 판정하는 것도 어느 정도 경험해 보거나 깊이 음미해 보지 않으면 진실의 맛을 모른다. 단지 좋아하면 능숙해지고, 싫증내지 않고 끝까지 파고들며 노력하기 때문에 자연히 잘하게 된다.

그렇게 능숙해지면 아무래도 점점 일이 자신에게 시시해지고, 마음이 내키지 않고, 진지한 마음으로 열심히 하지 않아 일이 조금도 진척되지 않거나 성장이 있을 수 없게 된다. 반대로 숙달되지 않아 일의 재미도 모르고, 재미가 없으니 점점 맥이 빠지게 되는 악순환의 연속이 되는 경우도 있다.

따라서 '어떤 것을 좋아하고 어떤 것을 싫어하는가' 라는 관점에서 분석해 볼 필요가 있다. 약간의 경험만으로 기호가 바뀌는 경우도 있고 연령이나 컨디션, 또는 그 사람의 사고방식에 따라서 달라질 수 있다. 인간에게 좋고 싫음이 존재하는 것은 엄연한 사실이며 물이 아래로 흐르는 자연의 이치대로 사람을 완전히 자유의 상태로 놓아두면 인간은 자연히 좋아하는 방향으로 향하게 되어 있다. 중요한 것은 '자신은 정말로 무엇을 좋아하는가'를 파악하는 일이다. 언뜻 보면 선명하게 보이는 것도 의외로 모르고 있었거나 잘못 알고 있는 것들이 많다. 허심탄회하게 자신을 바라보고, 어릴 때부터 지금까지의 발자취를 되돌아봄으로써 자신의 향방을 분석해 볼 필요가 있다.

03 자기목표에 대한 가치를 안다

인간 행동의 방향성을 생각할 때 좋아하고 싫어하는 감각이 확실히 중요한 요소지만, 좋고 나쁨의 감각과는 약간 뉘앙스가 다른 또 하나의 요소에 가치·신조라는 것이 있다.

가치도 궁극적으로 개인의 기호에 부합된다고 주장하는 사람도 있지만 그 논리는 무리가 있다. 그것은 좋아함·싫어함이 있는 그대로의 존재, 즉 자연을 향하는 특성에 따라가는 것에 대하여 가치 있는 바람직한 모습, 당위성의 영역에 있어서 '인생은 어떤 내용이어야 하는가, 그리고 기업은 직원에게 어떤 모습이어야 하는가' 라는 이상과 목표를 의미하고 있다고 말할 수 있다.

가치 중에서도 뛰어나며 사회적인 것에서는 어떤 것이 있는가. 즉 정의·공정·자유·평등·박애·기회 균등·신상필벌·의리·인정 등이 그것이다. 물론 사회적인 가치는 일체 인정하지 않고 그저 개인적인 이익만을 추구하며 사는 사람도 있다. 하지만 이러한 가치를 지향하며 노력 분투하는 사람도 많이 있다.

직업을 선택할 때 군수산업이라 싫다든가, 공해를 발생시키는 기업이라 싫다고 하는 사람의 판단은 사회적 가치 기준에 비추어 내려진다는 것이다. '무엇을 지향하고 있는가' 가 그 사람의 직업과 크게 관계되어 있는 것이다. 사회적 가치 때문에 목숨을 걸고 일하는 사람들의 전형은 종교가 · 이상가 · 혁명가 · 정치가 등이다.

정도의 차는 있지만 일반 사회인 중에도 사회적 가치를 이상으로 사는 사람이 적지 않다. 사회적 가치를 명확하게 인식함으로써 직업 선택의 열쇠를 쥐게 되는 경우도 있다.

한편 그토록 고매한 사회적 이상이 없다면 아주 가까운 가치로서 생활신조라는 것이 있다. 생활신조란 일상생활 속에서 '이렇게 ~이고 싶다.' '이것이 있어야 한다.' 라고 믿고 있는 생각이다. 보통 생활신조에 따라 언행이나 행동 방향을 정하는데 그 차이에 따라 삶의 태도는 매우 다르게 나타난다.

보통 '생활신조가 무엇인가?' 라고 물으면 다음과 같은 대답을 한다. 성실 · 정직 · 근면 · 노력 · 열의 · 용기 · 연구 · 사랑 · 친절 · 사람에게 폐를 끼치지 않는 것 등이라고 말한다. 또한 신조와 비슷한 것으로 좌우명이라는 것이 있다. 좌우명이란 스스로를 다스리는 윤리다. 최근 이력서나 신상명세서 등에는 '나의 생활신조'라는 난이 있어 쓰도록 되어 있는데 이것은 그 사람을 평가하는 데 중요한 기준이 된다.

그리고 인생의 목표에 가장 대중적인 것은 '출세'라고 할 수 있다. 출세의 의미에는 여러 가지가 있겠지만 첫째는 금전적인 성공이고, 둘째는 지위 권력의 성공이며, 셋째는 명성·명예의 성공일 것이다. 이것은 개인적인 가치같이 보이지만, 생각에 따라 사회적인 가치로도 연결되고 있다.

04 자기능력과 성격을 잘 안다

'일이 즐거우면 인생은 낙원이다. 일이 의무라면 인생은 지옥이다.' 라는 명언은 고리키가 남겼다. 자신의 능력을 진단하고 평가하는 일은 매우 어려운 문제이다. 우리가 처음으로 능력진단 평가표를 접했던 것은 초등학교 시절의 생활통지표일 것이다. 그것에는 국어라든가 수학·미술·체육 등 각 과목이 있어서 과목별로 5단계나 10단계의 평가가 따른다. 초등학교부터 최근까지 받아본 자신의 성적표를 점검해 보면 자신이 무엇을 잘하고 못하는지 대충 기준이 잡힌다.

생활통지표에는 과목별 성적과 나란히 또 하나의 항목이 있다. 생활 행동에 따른 그 학생의 특징을 표기하는 난이다. 흔히 자주성·책임감·끈기·창의 연구·정서의 안정·관용·지도성·협력성·도덕성이라는 항목으로 선생님이 소견을 쓰게 되어 있다.

① 사회가 요구하는 능력

일반적으로 능력이라고 하면 지능이 대표적이다. 학교생활을 하는 동안에는 지능이 능력을 나타내지만 사회에서 요구하는 능력은 매우 다양하다. 오히려 우수한 지능이 필수 조건이 되는 분야는 매우 적어 학자나 연구원, 일부의 전문직과 엘리트에 한정된다.

실제로 사회나 관공서에서 내리는 평가에는 지능지수나 국어 · 수학 성적은 없다. 일반적으로 사회에서 사용되고 있는 평가 기준은 업무(일)의 성실도와 성과이고, 그것을 유지할 수 있는 능력은 경우에 따라서는 머리보다는 마음가짐이나 태도 · 체력 · 열의와 관계되는 경우가 많다.

② 열의가 있는 사람

머리의 좋고 나쁨은 두뇌를 사용하는 방법과 장소에 따라 평가가 달라진다. 예를 들면 조사 분석이나 계산, 기획할 때에는 머리가 좋아야 하지만, 막상 결정을 내려 일을 시작하려면 머리보다는 열의 있는 사람을 필요로 하는 경우가 많다. 예컨대 장관과 참모만으로는 전쟁을 할 수 없는 것이다. 하지만 비록 머리가 좋더라도 만성질환인 듯한 약한 체력의 소유자와 냉철하면서도 인간적인 따뜻함이 없는 사람은 오히려 일하기가 곤란할 때가 많다.

③ 인간적인 매력을 가진 사람

최근까지 40년 가까이 샐러리맨 생활을 해오고 지금은 어느 대기업 회장으로 자리를 굳힌 선배에게서 들은 얘기다. 그는 직장생활에 있어서 제일 중요한 것은 결국 인간적인 크기, 즉 매력이라고 말한다.

인간이 혼자서 할 수 있는 일이란 극히 한정되어 있다. 큰일을 하려고 한다면 많은 사람의 협조를 얻어야만 한다. 따라서 보다 많은 사람을 사귀어 그 힘을 결집시킬 수 있는 능력은 결국 그 사람의 머리와 힘, 정력이 아니라 인간적인 매력밖에 없다는 것이다.

다음으로 중요한 것이 정력이라고 말한다. 물론 머리가 좋은 사람도 필요하지만 머리 좋은 사람은 얼마든지 있다. 오랜 경쟁에서 승부하고 가기에는 체력이 뒷받침되어야 한다. 인생은 마라톤이고 단거리 경주는 없기 때문에 최후에는 정력적인 사람이 승리를 차지하게 되어 있다.

그리고 인간의 성격을 분류해 보면 크게 내성적인 성격과 외향적인 성격으로 구분된다. 이 분류는 원래 정신분석학 의사 융이 창시한 것으로 각각의 특징은 다음과 같다.

내성적인 성격은 관심이 주로 안으로 향하는 성격으로 비사교적이고 소극적이며 말이 없고, 중후 · 사색적 · 공상적 · 독창적 · 섬세 · 심약 · 수수 · 조용함 등으로 특징지어진다. 반면 외향적인 성격은 관심이 주로 밖으로 향하는 성격으로 사교적 · 적극적 · 수다쟁이 · 경박 · 행동적 · 실무적 · 격하기 쉬움 · 거침 · 화려함 · 떠들썩함 등의 부류에 속한다.

내성적인 사람은 종종 자기혐오에 빠지는 경우도 있다. 왜 자신은 이렇게 부끄러워하는 것일까, 소극적일까, 우유부단한 것일까 등으로 고민하는 것이다. 그렇다고 외향적인 사람이 고민하지 않는 것은 아니다. 왜 자신은 이렇게 경박한 것일까, 바로 잘라버리는 것일까, 경솔하게 처리하는 것일까 등의 고민을 하게 된다.

내성적인 사람은 외향적인 사람을 경멸하는 한편 부러워하기도 한다. 외향적인 사람 역시 마음 한구석으로 내향적인 사람을 냉소하면서도 자신이 갖지 못한 내향적인 사람의 장점을 부러워하고 있다.

어느 쪽의 성격도 서로 장 · 단점을 보충해 가면서 각각의 개성을 살리도록 만들어가는 길밖에 없다.

 ## 자신의 개성을
창조한다

05

　내성적인 사람이나 외향적인 사람 모두 자신의 성격에 대해 고민할 필요는 없다. 오히려 남자는 남자답고, 여자는 여자다워야 하는 것처럼 각자의 장점을 살리고 부족한 점은 자기와는 다른 성격의 사람과 짝을 이루어 채워 나가면 된다.

　종종 자신의 성격이 싫고 감당할 수 없다는 사람을 보게 되는데 모든 사람에게는 좋은 점과 나쁜 점이 있다. 자신의 단점에 집착하게 되면 누구라도 자신이 싫어진다. 그렇지만 좋은 점을 보고 그것을 성장시켜 가며 살아야 한다.

　새삼스레 다시 태어날 수도 없는 일이고 하늘이 주신 성격을 그대로 인정하고 그 장점을 살려가는 일에 전력을 기울여야 할 것이다. 장점이 육성되면 자연히 단점은 보이지 않아 그다지 문제가 되지 않게 될 것이다.

대체로 내성적, 외향적인 성격에 따라 직업의 적성을 판단할 수 있다. 흔히들 학자 · 연구원 · 예술가 · 기술자 · 사무원은 내성적인 성격이, 정치가 · 관리자 · 영업직원 · 상인 · 교사에게는 외향적인 성격이 맞는다고 한다. 그렇지만 현실 세계를 보면 반드시 그렇다고는 단정할 수 없다. 외향적인 성격의 소유자 중에 학자로서 성공한 사람이 있는가 하면, 내성적인 사람이 세일즈맨으로서 성공하는 예도 얼마든지 있기 때문이다. 연구원 중에는 혼자서 꾸준히 연구하는 타입도 있지만 많은 사람이 모여 떠들썩하게 공동 연구하여 성과를 거두는 외향적인 사람도 있다.

또, 필자가 알고 있는 회사의 영업매니저를 보면 외향적인 것이 반드시 성공의 조건이라고는 말할 수 없고, 그렇다고 내성적인 것이 반드시 성공 조건이라고도 할 수 없다.

K라는 사람은 명랑하고 언변이 좋으며 센스가 있어서 행동도 빠르다. 그리고 자기에게 거슬리는 부탁에도 넉살좋게 대처할 수 있는 성격으로, 그가 가는 곳은 어디나 항상 떠들썩한 분위기다. 처음에는 영업 실적이 뛰어나지만 어느 단계에 도달해서는 지지부진함을 면치 못하고 있다.

한편 같은 영업직원인 L 씨는 내성적인 인물의 전형이다. 성격이 차분하고 밝고 화려한 곳이라고는 찾아볼 수 없다. 말도 별로 없고 행동도 느린 편이라 둔한 느낌까지 받는다. 이 남자는 처음에는 영업 실적이 매우 부진했으나 언제부터인가 점점 실적을 올리고, 이제는 토끼와 거북이의 경주에서처럼 외향적인 성격의 남자를 훨씬 추월했다.

왜 그런지 그 원인을 찾아보니, 외향적인 남자는 우선 고객에게 호감을 사기 위해서 실제와 다른 말을 많이 하게 되고 지킬 수 없는 약속을 한다. 그러나 자신이 약속한 것을 지키기에는 많은 무리가 따르게 되고 감당할 수 없게 되자 결국 고객으로부터 신용을 잃고 힘들게 형성된 거래관계가 끊어지면서 영업자로서 능력에 타격을 받게 되었다.

한편 수수하고 눈에 띄지 않게 느린 걸음을 하고 있던 내성적인 친구는 매우 친절하고 인간미가 있었고 마음으로부터 자신의 실적보다는 고객의 입장을 생각하고 일했기 때문에 그에게 한 번 고객은 영원한 고객이 되었다. 그는 고객들에게 항상 안부 연락을 했고, 그런 그의 성실성이 영업 실적으로까지 연결되었던 것이다. 그리하여 그는 영업에 있어서 톱 그룹에 들어가게 되었다. 잠깐 사귀기는 좋지만 사귀는 동안에 곧 질려버리는 사람도 있다. 처음은 좋지 않다가 사귀다 보면 뭐라 말할 수 없이 끌리는 사람도 있다.

세일즈도 결국은 상품을 판다기보다는 그 사람의 인격을 파는 일이기에 믿음이 가고 진실하며 질리지 않는 사람이 성과를 올릴 수 있다.

이 사례에서 얻을 수 있는 한 가지 결론은, 인간 상대의 일에서 가장 중요한 것은 성실이고, 화려한 테크닉과 잔꾀는 아니라는 점이다. 일반적으로 영업직에는 외향적인 성격이 맞는다는 게 사실이지만 그것이 결정적인 조건은 아니라는 얘기다. 문제는 자기 자신이 어떤 성격인가 하는 점이다.

일의 기본을 잘 아는
직장인

02

일의 순서를
잘 안다

01

::

　직장인이 업무를 추진하는 데 있어 주의하지 않으면 안 되는 기본적인 사항에는 두 가지가 있다. 첫째는 서류일과 책상일을 단축하는 일이다. 이를 위해서는 다음과 같은 착안이 필요하다.

- **업무는 우선 분류에서부터 시작한다.**
　서류는 사내·사외로 분류한 후 그것을 보고서·서신·연락·기타 등으로 구분한다. 다음에는 일상적인 것과 그렇지 않은 것으로 분류한다.
- **서류는 곧바로 처리한다.**
　모든 서류는 받는 즉시 읽어본 후 답신을 보내거나 불필요한 서류는 파기한다. 흔히 불필요한 서류는 보류해 놓기 때문에 책상 위가 복잡하며 시간을 낭비하게 되는 것이다.

- 담당하는 업무(일)에 대해서 무엇이 중요한가를 파악한 후 우선순위를 정해 둔다.
- 불필요한 서류를 책상 위에 두지 않는다. 항상 필요한 것만을 두도록 한다.
- 비망록·메모·수첩을 잘 활용하도록 한다.
- 연락은 신속하게 한다.
- 구두 지시를 받은 경우는 반드시 내용을 메모하여 누락이 없도록 한다.
- 문서의 경우는 불필요한 내용을 생략하고 가능한 한 요약하여 꼭 필요한 용건만 기록한다.
- 카피를 사용할 경우는 남용하지 않도록 한다.
- 긴급을 요할 경우는 전화·이메일·팩스·속달우편·항공편 등을 이용한다.

① 일의 기본 동작과 지식

여기에서 사무를 각 동작마다 분석해 보면 발레나 연극 등과 같이 몇 가지 기본 동작과 응용 동작의 혼합과 같은 느낌을 받게 된다. 공장관리에 입각하여 사무 합리화에 대입시켜 본다면 다음과 같이 설명할 수 있다.

- 사무 기기의 사용법 : 기기의 사용 구분과 목적·위치·종

류 · 내용 등이 명확히 정해져야 한다. 책상 · 전화 · 복사기 · 컴퓨터 · 팩스 등이 있다.

- 기본 동작 : 볼펜 · 사인펜 · 매직 등의 필기구, 그리고 검인 · 접수인 · 발송인 등의 도장 사용 구분과 일련번호의 부여 방법 등이 있다.
- 쓰는 방법 : 서신 · 봉투 · 문서 · 표지 · 회람 등의 양식과 보고 서류의 작성 등이 있다.
- 용지의 사용 방법 : 전표류 · 공통 기안지 · 메모 · 파일 등이 있다.
- 정리 : 수신 · 발신 · 검토 · 조회 · 확인과 보고 · 문서 정리 · 보관과 보존 · 사내 문서의 제출 · 문서의 배달 등이 있다.
- 업무 활동 : 출퇴근 · 직장 예절 · 호칭 · 복장 · 근무 태도 · 전화를 걸고 받는 법 · 질문과 의견 상신 · 보고 방법 · 사무 능률 · 집무 계획 · 업무 착안 · 협조 및 연락 · 방문객의 응대 · 흡연 · 회의 개최 방법 · 비품의 사용 · 당직 등이 있다.
- 지식 : 자사 제품의 명칭, 사내 제반 규정 등이 있다.

② 직장인이 주의해야 할 사항
- 앞서 설명한 각 항목에 대한 표준 방법이 정해져 있는가.
- 정기적인 사무에 대한 일정 계획이 짜여 있는가.

- 작업 사무는 기계화 · 집중화 · 단순화히고 있는가.
- 직무와 책임에 대해 교육하고 있는가.
- 능력에 따라 직무를 분배하고 있는가.
- 성격 · 적성을 고려하여 직무를 부여하고 있는가.
- 교육 · 지도 · 훈련을 주기적으로 실시하고 있는가.

02 일에 보람과 긍지를 갖는다

::

　직장에서 일반적으로 일이 잘 되지 않는 것은 환경이나 주변 여건이 나빠서가 아니라 본인의 자세가 잘못되어 있는 경우가 많다. 자세라고 하는 것은 뭔가에 대해 마음가짐이 외부로 나타나는 현상을 말한다. 따라서 마음의 자세가 올바로 갖춰지지 않고서는 무슨 일을 해도 결과는 나쁘기 마련이다.

　흔히 '정신 차려!' 라고 하는 이야기를 자주 듣는다. 여기에서 정신을 차리라는 말은 다름 아닌 마음을 긴장시켜 이제부터 어떠한 명령이나 지시를 받더라도 곧바로 실행에 옮길 수 있는 자세를 취하라는 말이다.

　물론 직장에서의 일은 기본적으로 월급을 받기 위한 수단이다. 삶의 보람은 일을 통해 얻게 되는 것과 일 이외의 취미생활이나 레저에 의해 충실하게 하는 방법도 있다.

그러한 견해를 전면적으로 부정하고 싶지는 않다. 취미나 놀이에서 보람을 느낀다는 것은 특별히 나쁘다고만 할 수도 없다. 그러나 전적으로 취미생활이나 유흥에만 집착한다면 매우 귀중한 업무 시간을 침해할 우려가 있다는 점을 강조하고 싶다.

따라서 일에 충실하면서 취미생활에서도 보람을 느낄 수 있는 상태가 보다 바람직하다. 이를 위해서는 즐겁게 일할 수 있는 충실한 정신 상태를 유지해야 한다.

일에서 '삶의 보람'과 '업무의 보람'을 동시에 느낄 수 있는 사람이 되어야만이 자신도 보다 빠른 속도로 성장하게 되는 것이다. 일에서 보람과 충실감을 가진 사람은 단지 급여만을 받기 위해 일하는 것이 아니다. 그러한 사람은 샐러리맨 즉, 비즈니스맨(일하는 사람)이라고 부르게 되는 것이다. 여기에서, 샐러리는 목적이 아니라 비즈니스의 평가에 의해 부여되는 결과이다.

03 직장인은 일의 주인공이다

샐러리맨과 비즈니스맨의 가장 큰 차이점은 무엇인가. 샐러리맨은 일에 시달리고 일에 쫓기는 사람을 말한다. 반면에 비즈니스맨은 일을 처리하고 일을 쫓는 사람이라 말할 수 있다.

샐러리맨들에게 있어 주인공은 일이고 자신은 그 하인이다. 따라서 일에 시달리는 입장인 샐러리맨은 일 자체가 고통스럽고 지겹다. 되도록이면 일을 피하거나 태만한 자세로 일에 임하고자 한다. 일에 대해서는 최소한 필요한 범위 내에서만 연구하고 그저 월급만 받으면 그만이라는 의식으로 야근도 꺼리게 된다. 회식이라도 있으면 일을 내팽개치기조차 한다.

이러한 상황에서 몇 년, 몇 십 년씩 근무를 계속해 온 샐러리맨은 성격도 비뚤어져 있는 것이 보통이다. 정신 건강 또한 좋지 않다는 것을 쉽게 짐작할 수 있다.

그러나 비즈니스맨은 이와는 다르다. 사람이 일의 주인공이고 일은 자신의 하인이다. 따라서 일이 즐겁고 좋다. 자신이 스스로 일을 찾아내어 처리하며 보다 어려운 일, 곤란한 일을 찾아 해결한다.

비즈니스맨은 일을 처리함으로써 의욕을 불태우고 거기서 얻은 충족감으로 삶의 보람을 느낀다. 결과적으로 지위나 월급은 물론 직장 내의 평가 또한 점점 높아진다. 정신위생상으로나 건강상으로도 활기가 넘쳐 활력 있는 인생을 영위하게 된다. 자신이 일의 주인공이 되어 일을 처리하고 극복해 감으로써 삶의 보람을 느끼는 인생이야말로 즐거운 인생이 아니겠는가.

일의 주인공이 되고 일을 처리해 가는 비즈니스맨이 되기 위해서는 프로사원이 되어야 한다. 프로가 되기 위해서는 어떤 일이든 능숙하게 처리할 줄 알아야 한다. 일처리에 능숙하다는 것은 일을 요령 있고 효과적으로 처리해 가는 것을 말한다. 따라서 일이 즐거워지게 되며 일하는 보람, 삶의 보람을 느낄 수 있는 것이다.

프로사원이 되기 위해 무엇보다 먼저 몸에 익혀야 하는 것이 능숙한 일처리의 요령이다. 따라서 이 요령 절차를 의식적으로 실행한다면 새내기직원이라도 일 자체가 어렵지 않게 느껴진다.

일처리에 능숙한 사람은 일을 대강 처리한다든가, 알맞게 조절하여 빨리 해결하는 것을 능사로 삼지는 않는다. 그보다는 정확도에 비중을 둔다. 즉 서툰 사람보다 일을 빠르고 정확하게 그리고 확실하게 처리할 수 있다. 다시 말해 일을 효율적으로 한다는 뜻이다.

일처리 방법도 시간을 낭비하지 않고 주어진 동일한 시간에 서툰 사람보다 몇 배의 일을 처리해 버린다. 계산적인 일, 통계적인 일, 조립에 관한 일 또는 세일즈 일 역시 모두 베테랑일수록 효율적으로 처리한다. 그리고 실수나 클레임도 적다. 따라서 상사로부터 높은 평가를 받고 상사와 동료들에게도 중요시되며 신뢰도 받는다. 따라서 모든 직장인들은 어떻게 하면 일에 능숙해질 것인가에 대해 깊이 있게 연구해야 한다.

04 일의 기본은 동일하다

직장에서 하고 있는 일은 언뜻 보기에 다양하고 복잡한 것 같으나 그 기본은 모두 동일하다. 그 기본을 잘 이해하고 효율적으로 처리하는 방법에 숙달되는 것이 일에 대해 능숙해지고 베테랑이 되기 위한 첫걸음이다. 직장에서 진행하는 일의 기본은 무엇인가? 경리부 · 총무부 · 기획부 · 영업부 · 관리부 등의 각 부서에서 하는 여러 가지 일은 다음과 같은 공통점을 가지고 있다.

① 일에는 테마(과제)가 있다.

② 일에는 목적이 있다.

③ 일에는 목표(기대치)가 있다.

④ 일에는 순서가 있다.

⑤ 일에는 방법(내용)이 있다.

⑥ 일에는 결과가 있다.

⑦ 일에는 평가가 있다.

생산 업무를 예로 들면 '공장 라인의 일은 어떤 제품을 생산할 것이며, 어떤 부품을 성형할 것인가'라는 과제를 가지고 있다. 그리고 당연히 그 생산과 성형은 무엇을 위한 것인가 하는 확실한 목적을 가지고 있다. 하루에 얼마만큼 생산할 것인가, 오늘은 몇 대 생산할 것인가 하는 목표이다.

이러한 목적과 목표를 가진 생산 업무를 진행하기 위하여 재료를 가공기에 투입하고 온도와 압력을 가한다. 이렇게 일에는 순서가 있고 기계와 도구와 인력을 어느 정도 사용할 것인가, 다른 업체와 어떻게 협력할 것인가 하는 방법(작업의 내용)이 있다.

순서나 방법을 실행함으로써 조립품, 가공품이 얼마나 증가했는가 하는 결과가 얻어진다. 그 결과는 최초의 목표와 비교하여 몇 퍼센트의 목표 달성을 했는가라는 평가를 받는다. 업무 목적에 어긋난 불량품이라면 당연히 마이너스로 평가받는다.

앞의 ①항에서 ⑦항에 이르는 사항은 어떤 일에나 공통적이다. 언뜻 보기엔 대수롭게 않게 처리할 일이라도 프로젝트가 있고 무의식적으로 부딪히는 일에도 반드시 ①~⑦의 요소를 지니고 있다. 일에 능숙해져 프로사원이 되고 그리고 일의 주인공이 되기 위해서는 자신의 일에 관한 7가지 항목이 반드시 필요하다. 스스로 일을 이해하고 모든 과정에 숙달되어야 한다. 7가지 항목은 구체적인 일에 대해서 내용이 상이하다. 그러나 이 ①~⑦을 잘 파악하고 있다면 임시로 A에서 B 부서로 이동해도 단기간에 업무에 능숙하게 된다. 결론적으로 ①~⑦은 일의 기본 과정이며 그 중심을 이루고 있는 것이 '일의 계획'이다. 따라서 일을 신속하고 능률적으로 처리하는 사람과 그렇지 못한 사람과의 차이는 결국 일의 처리 과정인 ①~⑦을 얼마만큼 충분히 파악하고 있는가 하는 차이다.

특히 일의 목표를 달성하기 위해 순서를 효율적으로 정해 숙달된 방법으로 처리하는 것이 첫 번째 과제이다. 일의 목표에 대하여 '순서' 부분을 일반적으로 '계획'이라고 부른다. 그리고 방법은 전문 능력이라든가 실행력이라 부른다. 결국 어떤 일이라도 그 일에 대한 계획력과 실행력이 뛰어날수록 낭비 없이 효율적인 일처리가 가능하다는 뜻이다. 예를 들면 프로라든가 전문가라 불리는 사람은 단순하게 일의 방법, 즉 일에의 수완이 뛰어날 뿐만 아니라 계획 능력—일을 순서대로 분석하여 낭비 없이 처리하는 능력—도 뛰어난 사람들이다.

일을 효율적으로 처리하는 요령이란 일을 계획적으로 진행하는 것을 말한다. 따라서 계획이란 무엇인가 또는 계획적으로 일을 진행하기 위하여 어떻게 해야 하는가를 확실히 이해함과 동시에 숙달시킬 필요가 있다.

일에는 분명히 일의 목적이 있고 성취해야 하는 일의 목표가 있다. 계획이란 그 목적에 따르는 목표를 달성하기 위한 순서와 시간 분배가 필요하다. 순서라는 것은 일의 우선순위를 매기는 것을 말하고 시간 분배라는 것은 순서에 따라 필요한 시간을 분배하는 일이다.

05 일은 실행을 전제로 계획을 세운다

일이란 목적를 이루기 위해서 행하는 것이다. 예를 들면 학교 기말고사의 목적은 학생들의 학습 정도를 측정하기 위한 것이다. 그 목적에 따라 학생들은 미리 목표를 세우고 공부(시험 준비)를 한다. 시험 날짜가 정해지면 시험공부는 그날부터 시험 전날까지 되도록 이면 계획적으로 또한 효율적으로 행해지는 것이 당연하다.

공부를 잘하는 학생은 공부하는 순서를 결정하고 시험날까지 남은 시간을 분배하여 계획표를 작성한다. 이때에는 어렵거나 취약한 과목에 시간을 많이 분배하고 쉽거나 자신 있는 과목에는 시간을 적게 할애할 것이다. 이렇게 작성한 순서와 시간 분배를 시험에 대한 시험공부 계획이라 한다. 다음은 이 계획대로 공부를 진행시키는 실행력이 있는지의 여부이다. 계획에 무리가 있다든가 순서에 모순이 있으면 계획은 도중에 실행이 불가능하게 되고 일부 변경하지 않으면 안 된다. 그러나 이론적으로 잘 짜인 계획이라면 공부는 예상대로 진행되고 목표에 근접한 시험 결과를 얻을 수 있을 것이다. 만약 이러한 계획을 전혀 세우지 않고 시험공부를 시작한다면 어떻게 될 것인가. 아마 시험 전날까지도 공부를 마칠 수 없거나 전혀 손도 못 댄 과목도 있을 것이다.

직장인의 경우 일에 대해서도 마찬가지라고 할 수 있다. 연구 과제에 대하여 계획을 세우는 일은 그 계획을 실행한다는 것을 전제로 하고 있다. 이러한 순서와 시간 분배에 따라 과제를 달성하고 어떻게 처리할 것인지 결정한다면 나중에는 그 실행만이 남는다.

이러한 '계획' 의 내용을 생각해 보자. 실제로 계획이란 '앞으로 해야 하는 것을 지금 결정하는 작업' 이라 할 수 있다. 따라서 계획력이 높으면 높을수록 지금부터 해야 할 일의 순서와 시간 분배 또한 구체적인 방법(내용)까지 세밀하게 결정된다. 실행에 옮기기 전에 그러한 순서와 방법까지 상세히 결정해 버리면 실행 전에 결과를 얻을 수 있어 작업의 상당 부분을 머릿속에서 처리해 버린 것과 마찬가지다.

따라서 계획이 완벽하게 완성된다면 흔히 그 일의 반은 해결된 것이나 다름없다. 실제로는 아무것도 하지 않은 상태에서 일의 반은 해결해 버렸다는 것이 계획이 지닌 뛰어난 효용이다. 그야말로 일에 능숙하다는 것은 다시 말하면 계획력이 우수하다는 셈이다.

어떤 일과 연구 테마에 관하여 계획을 세우기 위해서는 이후의 일을 여러 가지로 고찰하고 그것을 잘 구성해야만 한다. 즉 지금까지의 여러 사태를 반추해 보고 앞으로 일을 정확하게 예측하지 않으면 안 된다. 그리고 계획을 실행할 때에는 예상도 못한 안건과 사건이 발생할 수 있으므로 계획을 여유있게 세운다.

예를 들면 한 지방을 순회하며 어떤 상품을 판매해 오라는 명령을 받았다고 하자. 이 경우 일주일 내지는 열흘 동안의 행동 계획을 열차 시간표를 참조하여 세울 것이다. 때로는 갈아타는 시간이 5분이나 10분밖에 없는 스케줄이 짜일지도 모른다. 이럴 때 불시의 사고에 의한 열차의 지연이라든가 또는 한 거래처에서 생각지도 못한 이유로 시간을 빼앗기게 된다면 다음 스케줄은 완전히 망쳐버리게 된다.

이렇게 무리한 계획 속에서도 프로사원은 어느 정도 여유를 가지고 만약 발생할지도 모르는 사고를 대비한 계획을 세운다. 그리고 최악의 사태에서도 세일즈 목표를 달성한다는 계획의 행동이므로 결국 우수한 성적을 올릴 수 있는 것이다.

우리 주변에서 계획을 충분히 다듬은 후에 실행하는 것이 바람직하다고 말하는 사람을 많이 볼 수 있다. 업무상의 과제에만 국한된 것이 아니라 해외여행이나 내 집 마련과 같은 생활 계획 또는 인생 계획까지 포함되므로 그 범위가 매우 넓다. 따라서 계획적인 행동 방식에 익숙하다면 일뿐만 아니라 인생 그 자체까지 즐겁고 효율적인 진행이 가능하게 된다.

직장인은 그러한 가치 있는 계획의 수업을 현장에서 매일같이 행할 수 있다. 게다가 월급과 보너스를 받으면서 숙달해 갈 수 있으니 이것은 생각보다 훨씬 좋은 혜택을 받는 조건이라 할 수 있다. 그럼 과연 직장인들은 업무 계획을 어떻게 세워야 하는가. 이때는 다음과 같은 절차를 밟도록 한다.

직장인 업무 계획의 첫 번째는 상사가 준 과제에 대하여 계획을 세운다. 두 번째는 자신이 발견한 과제에 대하여 계획을 세운다. 세 번째는 자기능력 개발의 과제에 대하여 세운다. 그리고 네 번째는 자기인생 목표라는 과제에 대하여 계획을 세우는 것이다.

일에는 인사·영업·경리·생산·계획·개발 그리고 비즈니스 등 여러 가지 종류가 있다. 기업에서는 이러한 일을 기업이라는 조직 운영상 과제로 처리하고 있는 것이다. 기업은 단순히 사람이 모여 있는 집단이 아니다. 특정 목표의 목적을 경제 행위로 추구하기 위하여 사람이 모여 자본(돈·설비·장소 등)을 운영하는 곳이다. 다시 말해 '목적 추구형 조직'이라 할 수 있다. 단순히 돈벌이만을 목적으로 하는 회사도 있으나 요즘엔 사회와 국가, 세계에 대하여 여러 가지 기여와 공헌을 목적 지향으로 삼고 있는 회사가 늘어나고 있다.

이러한 목적을 추구하기 위하여 위로는 경영자로부터, 아래로는 새내기직원과 생산직에 이르기까지 조직이 형성된다. 그리고 각각의 조직에 일이 할당되는 것이다.

① 목표 계획의 세분화가 중요하다

기업의 조직 즉 모든 '부·팀·과' 라는 부서는 언제나 어떤 일을 경영층에서 할당받은 업무를 수행한다. 그리고 그 조직원은 각각의 위치에 따라 업무상의 역할(그것을 직무라 한다.)이 할당되는 것이다. 그리고 그 직무를 충분히 달성할 것을 기대하고 의무를 부여하는 것이다. 따라서 기업에서는 각각의 직무에 따른 계획력과 실행력이 요구되는 것이다.

기업의 조직은 위로 올라갈수록 일에 대한 책임 범위가 넓어진다. 경영자는 경영 전체의 입장과 관점에서 일과 인사·자금 운영을 판단하고 결정한다. 이에 대해 각 팀장·부장은 영업이라든가 생산에 대한 일을 할당받은 책임자이다. 따라서 팀장·부장은 자기 해당 부서의 운영이 원만하게 추진되도록 일을 처리하게 된다.

이 팀과 부 단위의 일이 다시 세분화되어 과·계 단위의 일로 분배된다. 대기업일수록 일이 세분화되는 경향이 있다. 이것은 병원을 예로 들면 쉽게 이해할 수 있다. 개인병원은 의사와 간호사 몇 사람이 모든 일을 처리함으로써 일이 세분화되지 않지만 종합

병원의 경우에는 의사도 진료 과목에 따라 전문의로 세분화되고 병원 업무 자체도 접수 · 안내 · 약국 · 취사 · 청소 · 엑스레이 촬영기사 · 검사기사 등으로 세분화되어 있다.

어쨌든 기업이 그 목적 달성을 순조롭게 추진하기 위해서는 각각의 부 · 과 · 계들은 맨 밑에서 맨 위까지 할당받은 목표 내지는 기대치를 확실하게 처리해야 한다. 만약 어느 한 부서라도 기대치 이하가 되면 조직 전체에 영향을 미쳐 순조로운 경영에 장애를 초래한다. 생산이 순조로워도 판매가 이를 따르지 못한다든가 자재가 부족하면 생산 라인이 멈춰버리는 현상이 발생한다. 그래서 비즈니스맨의 기본 조건은 위에서 각 조직에 할당된 과제를 순조롭고 정확하게 처리하고 달성하는 것이다.

만약 당신이 한 과의 A부서 담당자라고 한다면 그 담당 책임의 범위를 확실하게 처리하는 것이 직장인의 기본 조건이 된다. 따라서 직장인은 우선 자신의 책임 범위에 관하여 일을 계획적으로 처리, 달성해 가는 능력을 숙달해야 한다. 자신이 무계획적으로 일을 하여 다른 부서에 폐를 끼친다면 직장인으로는 실격이다.

어떤 사업에 있어서도 가장 중요한 요소는 고객이다. 고객 없이 얼마 동안이나 사업을 영위해 나갈 수 있을 것인가를 염두에 두고 모든 계획을 수립하고 행동해야 성공할 수 있다.

② 직장 방침 내에서 계획을 세운다

자신의 일을 계획적으로 추진하기 위한 중요한 핵심 포인트는 첫 번째로 직장 방침을 이해하는 것, 두 번째는 자신의 직책을 파악하는 것이다.

일은 직장 방침 범위 내에서 행해지며 또한 직장의 방침에 따라 추진된다. 아무리 계획적으로 일을 한다 해도 그것이 직장의 방침에 부합하지 않는다면 소용이 없다. 각자의 일은 직장 전체 일의 일부이다. 이런 점을 충분히 파악하여 일하는 것이 가장 중요하다.

예를 들면 영업부 직원은 회사의 기본 방침과 영업 방침을 잘 연구하고, 만약 이해하지 못하면 실제 영업 활동을 충분히 수행할 수 없다. 방침도 일과 마찬가지로 위에서 지시받는 것이다. 금년도 영업 방침, 이번 달 영업 방침에 따른 일의 계획이 기본 조건이 된다.

다음은 그 방침을 받아 일하는 자신의 직책을 완전하게 파악할 필요가 있다. 직책이란 각각의 직무와 그에 따른 책임을 말한다. 새내기직원의 일이 지위가 낮고 단순한 일처럼 보여도 그것은 직무이고 책임을 동반한다. 경리직원이 행하는 전표 기입과 집계 업무에도 기록이 틀린다든가 집계가 늦어지기라도 한다면 회사 전체의 영업에 큰 지장을 가져다준다. 중견간부로 승진하게 되면 일도 더욱 비중 있고 직책도 무거워진다.

일의 능률을 높이기 위해서는 자기 일에 대한 계획을 최대한 자주 상사에게 보고하여 의견과 지시를 받고 그 승인을 받으면서 일을 진행하는 습관을 숙달하는 것이 중요하다. 자신의 일에 흥미가 없다든가 단순한 일이라고 하여 계획조차 세우지 않고 임시변통으로 처리해 가면 10년 후에도 계획 능력을 숙달할 수 없게 된다.

또한 지위가 높아지면 계획을 세우지 않고는 일할 수 없는 입장이 된다. 하지만 급하게 계획 능력을 높이려는 생각은 금물이다. 일이 어려워지고 책임도 무겁지 않은 동안 계획하는 습관을 들이는 것이 새내기직원의 바람직한 자세이다.

단순한 일, 예를 들면 서류 정리라든가 지역 세일즈, 단순한 생산이라는 일에도 어떠한 순서로 어떻게 시간을 분배하고 언제까지 얼마만큼의 일을 할 것인가 등의 계획을 세워야 한다. 다음 주 · 다음 달 · 내년과 같이 기간을 설정해 보면 여러 가지 계획이 세워진다.

처음에는 시시하고 그다지 기대치가 없는 계획이라도 용기를 가지고 계획을 세운다. 그리고 과장 · 팀장 같은 상사에게 제출하여 의견과 조언을 구한다. 선배의 조언과 지도를 받아 보다 더 좋은 계획을 세우도록 노력한다. 그렇게 축적된 것이 바탕이 되어 간부가 되었을 때 어려운 계획 수립 시 큰 도움이 된다.

계획을 세우는 순서를 안다

06

성공의 열쇠는 목표 설정에 있다. 목표의 중요성은 아무리 강조해도 부족하다. 그것은 마치 나침반과 키 없이 항해하는 배와 같다.

① 먼저 계획 기간을 정한다

어려운 일, 큰 목표일수록 계획을 세우는 일이 중요하다. 또한 일반적으로 장기간에 걸친 계획일수록 내용은 대충 해버리는 경향이 있다. 예를 들면 오늘 하루 일의 계획이라면 몇 시, 몇 분까지는 누구를 만난다는 식으로 상세한 계획을 세울 수 있다. 그러나 일 년이라는 단위의 계획에서는 이번 분기에는 이것을, 다음 분기에는 이것을 하는 식으로 4/4분기 단위의 계획이라든가 3월·4월·5월의 월 단위로 나누는 계획이나 입안이 일반적인 경향이다. 따라서 계획의 내용이 엉성해진다.

또한 계획의 목표(기대치)가 낮은 간단한 계획은 쉽게 작성할 수 있지만 목표를 높게 잡으면 계획이 어려워진다. 예를 들면 생산과 영업 목표를 높게 설정할수록 실현 가능한 계획을 세우는 조건이 까다롭고 복잡해져 계획 입안이 어려워진다. 그러므로 새내기직원은 기간이 길지 않고 목표치도 높지 않은 간단한 일부터 계획하는 습관을 들여 능력을 키운다.

모든 직장의 중요한 장기적 계획은 경영자와 경영 스탭진의 일이다. 새내기직원이 그러한 계획에 직접 참여할 수 있는 기회는 흔치 않다. 그러므로 경영 방침에 입각하여 계획에 참여하는 기회를 얻기 위해서는 당면한 단기 계획 작성에 익숙해지도록 노력해야 한다. 단기는 일반적으로 일주일, 한 달 단위까지를 말하는데 단기 계획으로 완전한 계획을 세우는 능력을 숙달하도록 한다.

② 계획 수준을 정한다

자신의 일을 명확하고 충분히 숙지한 뒤 계획에 따라 일주일·한 달·4/4분기로 일의 목표를 추진한다. 위에서 어떤 목표가 할당되었는지, 기대치가 어떤지를 세밀하게 판단한 후 목표치 내지는 기대치를 상사에게 보고한다. 이렇게 하여 절충과 합의가 이루어지고 할당 목표도 정해진다. 상사가 명확하게 제시하지 않는 경우에는 목표를 스스로 설정할 수도 있다.

그리고 설정된 목표 기간은 일주일·한 달·4/4분기 가운데 하나이다. 다음에는 그것을 어떤 순서로, 어느 정도 기간으로, 어떤 기술과 행동으로 처리하고 달성할 것인지 계획한다. 계획 작성의 구체적인 방법은 하고자 하는 일의 항목을 나열하고 그것을 순서에 따라 배열하여 시간을 분배하는 것이 계획의 구조이다. 단기간 일의 계획을 세워 실행해 보면 누구나 깨닫는 것은 계획대로 행동하는 일이 매우 어렵다는 점이다.

그렇다고 해서 계획을 세우기만 하고 실행하지 않는다면 그 계획은 무의미하다. 즉 무용지물과 같은 것이다. 예를 들면 일 주일 영업 목표를 설정하고 그것을 달성하기 위한 계획을 세운다. 그러나 막상 실행 단계에 들어서면 계획대로 진행되지 않고 영업도 순조롭게 진행되지 않는다. 결과는 계획대로 행동할 수 없게 되고 목표도 달성할 수 없다. 비참한 기분이 들게 될지도 모른다. 만약 실행 가능한 계획을 세웠다면 그러한 문제점은 발생하지 않았을 것이다. 그런데도 '계획 따위는 필요없다. 그까짓 것 집어치워라!' 라고 말하는 사람도 있다.

그러므로 계획을 세웠다면 최선의 노력을 기울이지 않으면 안 된다. 또한 계획을 세웠다면 실제로 행동해 보고 어디에서부터 계획에 차질이 있었는지, 자신의 능력과 비교하여 계획에 무리가 없었는지 반성해 본다. 그리고 실행한 결과와 비교하여 계획을 세우고 그 실행 방법 모두를 세밀히 비교 검토함으로써 빠르게 계획 능력이 숙달되어 간다. 결코 계획과 실제가 어긋나는 것을 두려워해서는 안 된다.

③ 장기 계획과 단기 계획을 세운다

보통 직장에서는 경영 방침에 입각하여 단기 계획과 중장기 계획을 수립하게 된다. 대부분 이러한 계획은 3년·5년·7년처럼 꽤 긴 기간을 대상으로 하여 설정된다. 이에 비해 각 부서가 실제로 일을 진행할 때의 계획은 1년 단위, 6개월 또는 3개월 단위로 기간이 매우 짧게 되어 있다. 또한 각 담당자들은 한 달, 일주일 또는 하루하루의 계획을 세우게 된다.

장기 계획이 실현되고 달성되는지 여부는 담당자의 직위에 따라 할당된 매일의 일이 축적됨으로써 결정된다. 즉 장기 계획은 그 계획에 준하는 단기 계획이 확실하게 실현되어 가는가의 여부로 결정되는 것이다.

한편 단기 계획은 장기 계획의 방침 목표에 입각하여 장기 계획의 일부분으로 작성된다. 따라서 그 기본적 견해를 단기간에 실현하고자 하는 목표는 장기 계획에 의해 구성되고 지배받는 관계가 된다.

새내기직원들은 큰 계획 가운데 한 부분을 담당하는 일이 흔히 발생한다. 예를 들면 한 영업소의 판매 계획은 회사 전체 매출 계획의 일부이고, 영업소 예하의 판매 계획은 영업소 매출 계획 가운데 일부라는 관계가 성립한다.

계획서 작성이
중요하다

07

직장인이 일을 잘하기 위해서는 우선 계획 작성에 능숙해야 한다. 계획이란 일의 순서와 시간 할당을 결정하는 일이다. 이렇게 말하면 누구나 곧 일이나 계획 작성에 능숙하게 될 수 있다는 기분이 들겠지만 실제로는 그렇게 간단하지 않다. 능숙하게 계획을 작성하는 직원과 서툰 직원의 가장 큰 차이점은 계획의 조건, 즉 계획의 모든 요소를 실수 없이 처리할 수 있는가 하는 점과 그 모든 조건을 무리 없이 순서와 시간을 할당할 수 있는가의 여부에 달려 있다.

예를 들면 풋내기 목수가 개집을 만드는 계획을 세웠다고 하자. 무계획적인 사람은 판자를 적당히 사오고 개를 보면서 눈대중으로 자르기 시작한다. 도중에 대패가 없다는 것을 깨닫고 사러 간다. 판을 밀다가 이번에는 망치와 못이 없다는 것을 깨닫고 또 사러 간다. 겨우 개집이라고 만들기는 했지만 아무래도 디자인이 마음에 들지 않는다는 이유로 또 판자를 자르기 시작한다. 즉 이와 같은 상태가 반복되면서 작품이 엉망이 된다.

좋은 계획을 세우기 위해서는 계획에 관한 모든 조건과 모든 요소를 명백하게 알아야 한다. 영업 행동과 같은 단순한 비즈니스라면 시간, 일정에 따라 방문 계획을 세우면 좋다. 그러나 이 경우에도 방문 순서의 요령 여하에 따라 하루에 방문할 수 있는 손님의 수, 즉 매출 성과가 달라진다. 따라서 하루에 최소한 다섯 건의 방문과 같은 목표를 정하여 거래처(예상객)를 순서 있게 방문할 수 있도록 지역을 연구한다든가 시각표에 맞춰 계획을 세운다. 목적과 방법이 다르면 계획 조건이나 방법도 달라지므로 계획을 고려할 때 계획에 관계된다고 생각되는 조건, 요소를 광범위하게 메모 카드 등의 형식으로 정리할 필요가 있다.

① 행선(방문)지 ② 방문 목적 ③ 숙박 호텔 ④ 현지 기후 ⑤ 기온 ⑥ 친구·친지 거주 여부 ⑦ 대사관·공사관 등의 소재지 ⑧ 목적지 지역 안내도 ⑨ 식사 조건 ⑩ 화폐 단위 ⑪ 항공기·기차 등의 상태, 타임 테이블 ⑫ 치안 상태 ⑬ 의료 사정

등으로 구분할 수 있다. 카드에 기입한 항목들을 조사하고 자료를 수집하여 스케줄화하는 것부터 시작된다. 물론 패키지 여행과

여행전문 회사에 의뢰하면 이들 대부분을 생략해도 효율은 높일 수 있다.

이들은 조건과 항목을 모두 수집·조사한 후에 여행 일정 계획, 숙박 호텔 수배 계획, 항공권 입수 계획, 여권과 비자 취득 계획 등을 출발일에 맞춰 타임 스케줄화 하도록 한다.

혼자서 여행 계획을 세우는 경우 익숙하지 않은 사람은 이러한 조사가 불완전하고 일정 계획에 무리가 있어 모처럼 생각한 여행을 포기해 버리는 경우도 발생한다. 여행지 기후에 전혀 신경 쓰지 않고 옷을 준비한다거나 비자를 미리 취득해 두지 않아 입국이 늦어진다거나 호텔이 잡히지 않았다는 문제가 발생하는 것도 계획과 점검이 충분하지 않았기 때문이다.

생산 계획의 경우 부품 재료 등의 조달 계획, 공장에 있어서 조립·가공 계획, 최종 검사 계획, 도장 출하 계획 등이 전체 생산 계획의 내용이 된다. 이들은 연간 생산 계획에 의해 그 큰 틀이 결정되며 분기 계획, 한 달의 월간 계획, 주간으로 할당되는 소계획 또는 매일 생산 예정을 결정하는 일정 계획이 되어 작업사의 공수 (시일)로 할당된다.

이 경우 가장 좋은 계획은 부품과 자재가 공장의 가공 또는 조립 계획의 흐름에 맞춰 공급되는 것이다. 보통은 며칠 분, 몇 주 분의 부품을 미리 저장하여 그것을 자재 창고에서 차례로 공장으로 공급한다. 그러나 이것은 부품을 항상 안고 있어야 함으로 비용면에서 불합리하다. 그래서 부품 공급자가 항상 공장의 가공 조립 공정에 필요한 하루의 양 또는 일정 시간의 양을 공급한다는 계획까지 짜야 한다.

따라서 생산 수배 계획 · 운송 계획 · 검출 계획 등이 뒤따라야 하며 탁상공론의 순서만으로는 어떤 기업에서도 실행 가능한 계획은 될 수 없다.

업무 처리를 잘하는 직장인

03

# 01 업무 성격을
잘 파악한다

　기업의 각 부서는 담당자별로 맡은 업무가 다르게 되어 있다. 각각 별도의 업무 분담에 의해 업무가 추진되고 개개인의 힘이 모아져 조직 또는 부서를 이끄는 원동력이 되는 것이다.

　여러분이 업무를 하다 보면 그 특성에 따라 일이 너무 많아 항상 일에 쫓기는 직원도 있다. 원래 맡은 직무가 많기 때문에 일을 줄이려고 해도 줄일 수 없는 경우가 있을 수 있다. 그러나 부서장이 어떤 사람을 특히 신뢰하여 많은 일을 시켜 일의 분량이 많다거나, 업무 분장이 잘못되어 일이 많다면 반드시 재조정을 하도록 하는 것이 좋다.

　이런 뜻에서 업무가 본인의 능력보다 과다하게 많아 고민이 될 때는 상급자와 협의하는 것이 좋다. 상급자와의 업무 협의를 통하여 일이 과다하게 많아 본인의 능력으로는 처리하기 힘든 부분은 분명하게 건의하여 서로 이해할 수 있는 선에서 조정·정리할 필요가 있다.

본인이 처리할 수 있는 적절한 범위의 업무를 수행함으로써 일에 대한 성취욕을 느끼게 되고 이로써 부서 전체의 업무가 보다 원활히 진행된다면 더욱 좋을 것이다. 이런 경우 혼자 고민하지 말고 항상 상급자와 친밀하고 격의 없는 업무 협의를 통하여 합리적으로 업무를 조정하여 수행하도록 해야 한다.

회사에서는 새내기직원 채용 후 사내 입문 교육을 통하여 사내의 각종 현황에 대해 충분히 알 수 있는 기회를 제공하고, 각 부서로 배치를 할 때에는 본인의 희망 부서와 직무를 최대한 존중하고 회사에서 필요로 하는 부서와 직무를 고려한 후 본인의 적성과 전공 등을 감안하여, 적재적소에 배치하려고 노력하고 있다.

한편 회사에서는 직원들의 부서 배치에 대한 중요성을 인식하고 최대한 본인의 적성에 맞는 직무를 부여하려고 노력하고 있지만, 모든 직원이 전부 만족하게 생각한다고 볼 수는 없다. 처음에는 아무 문제가 없으나 일정 기간 일을 하다 보니 도저히 본인의 적성이나 성격에 맞지 않아 고민하게 되는 경우가 있을 수 있기 때문이다.

일을 하다 보면 일부 직원들이 '과연 이 업무가 나에게 맞는 것인가?'라고 반문을 해 온다거나 '도저히 못하겠는데, 적성에 잘 안 맞는 것 같아…….' 등등 한 번쯤은 자기가 하는 업무에 대해 생각할 기회를 갖게 될 경우가 있다. 이런 생각이 정도가 지나치면 본인이나 회사에게 득이 될 리는 없다고 본다.

이런 경우에는 빨리 상급자에게 면담을 요청하는 것이 좋다. 부서장과 허심탄회하게 대화함으로써 문제에 대한 해결점을 모색하고, 공동의 인식을 가지고 부서장과 본인이 함께 노력한다면 이러한 고민을 해결할 수 있기 때문이다. 또한 부서장이 충분히 검토하여 업무 조정이나 인사 부서와의 협의를 통한 부서 이동 등으로 해결이 가능하다고 본다.

한편, 자기가 맡은 업무에 최선을 다한다면 업무상에서 발생하는 약간의 문제는 극복할 수 있다고 본다. 한 번 자기가 맡은 업무에 더욱더 열의와 최선을 다해 보는 것이 어떨까? 업무가 적성이나 성격상 도저히 안 맞을 수도 있지만, 대부분 업무 수행 중 사소한 일을 계기로 자기의 직무에 갈등을 갖게 되고 이런 문제들이 복합적으로 작용하여 본연의 업무를 수행하기 어렵게 만들기 때문이라고 본다.

선배들의 경험을 보더라도 처음부터 본인 적성이나 성격에 만족하는 업무를 수행한 사람은 거의 없다고 볼 수 있다. 따라서 업무에 의욕이나 흥미를 상실하여 고민이 될 때 친구나 직장 동료들과 진지하게 대화를 해본다거나 심지어는 휴가를 떠나보는 등의 방법을 통해 기분을 전환할 기회를 가져본 후 다시 한 번 본인의 업무에 자신감을 갖고 노력해 보는 것도 좋을 것이다.

지금 당장은 어렵더라도 이 위기를 잘 극복하면 후에 좋은 경험으로 직장생활에 큰 도움이 되리라 생각한다. 가장 중요한 것은 담당 직무에 흥미와 애착을 가지고 노력하는 마음가짐이다. 이렇게 해본 후 업무가 도저히 본인의 성격상 맞지 않는다고 느낄 때 부서장과 협의를 통해 해결하도록 하는 것이 좋다.

업무는 책임감 있게 수행한다

02

지금 직장은 끊임없이 변화하는 환경에 대응하기 위해 신속한 명령과 그 실행을 요구한다. 모든 일에는 시작과 끝이 있게 된다. 직장 내 대부분의 업무는 상사의 명령이나 지시부터 시작되며, 보고를 통해 마무리된다. 이러한 일련의 과정에서 업무를 보다 원활히 수행하기 위해서는 상사의 생각을 정확히 파악하여 실행하고 보고하는 자세가 몸에 배도록 해야 한다.

명령을 받을 때의 유의 사항을 몇 가지 살펴보면, 명령을 받았으면 상사가 무엇을 요구하고 있는지 그 포인트를 요령 있게 빨리 파악해서 적시에 실행에 옮기도록 하고, 그 후에 다시 한 번 이것으로 충분한가를 검토해야 한다. 명령을 받으면 곧 '예.'하고 대답해야 하며, 메모지를 준비해서 요점을 기록한다. 또한 끝까지 잘 들어야 하며, 5W 1H(누가 · 언제 · 어디서 · 무엇을 · 왜 · 어떻게)

에 따라 생각하고 모호한 점은 질문으로 확인해야 한다. 요점은 간단히 복창하도록 하며, 능력·시간·내용을 잘 생각해서 접수하도록 한다.

보고를 할 때의 유의 사항을 살펴보면 다음과 같다. 접수 사항을 끝냈다 하더라도 명령한 사람에게 보고를 마치지 않았다면 그때까지는 일이 완료된 것이 아니다. 보고를 통해 새로운 지시를 받거나 일이 종결될 수 있도록 해야 한다.

명령이나 지시받은 것을 완료했으면 즉각 보고해야 한다. 보고는 반드시 명령한 사람에게 하도록 하고, 우선 결론부터 말한 다음에 이유·경로 등의 순서로 간결하게 사실에 입각하여 객관적으로 말해야 한다.

적당한 단계를 구분하여 포인트를 알기 쉽게 말하도록 하며, 필요에 따라서는 문서로 하는 것이 편리할 때도 있다. 가능한 한 적절한 시기에 중간보고를 하도록 한다면 정확한 결과 보고를 할 수 있다고 생각한다.

업무를 처리하다 보면 최종 의사 결정을 내릴 수 있는 결재권자가 없어 급히 처리해야 하는 업무가 지연되는 경우가 있다. 그러나 결재권자가 없어서 업무 처리가 지연됨으로 인해 업무상 문제점이 발생한다거나 기회 손실로 인해 회사에 손해를 끼치는 경우가 발생해서는 안 된다. 회사에 막대한 영향을 줄 수 있는 사항이라면 몰라도 그렇지 않다면 차하위자가 신중하게 판단하여 소신을 갖고 업무를 추진할 수 있도록 해야 할 것이다.

업무가 그렇게 급하지 않은 경우에는 전결권자가 결재를 할 때까지 기다렸다가 처리하면 되나, 그렇지 않고 긴급을 요하는 업무일 경우 결재권자가 최종 결재를 안했다는 이유로 업무에 차질이 생기면 안 된다.

이럴 경우 우선 업무를 추진해야 하므로 차하위 직책을 수행하는 자가 신중하게 검토·판단하여 결재를 하고 소신껏 업무를 처리토록 한 다음 전결권자에게는 후에 '추인'을 받도록 하는 것이 좋다. 어떠한 경우에도 결재 지연으로 인해 회사에 손실을 끼칠 수 있는 경우가 발생해서는 안 되기 때문이다.

사소한 의사 결정 사항이라 하더라도 판단이 아주 어려울 경우에는 전결권자의 차상급자에게 결재를 받고 업무를 추진할 수도 있다. 좀 더 합리적인 의사 결정을 내리기 위한 과정이므로 차상위 직급자에게 의견을 들어 결정토록 하고 후에 전결권자에게는 '추인'을 받도록 하면 되겠다. 가장 중요한 것은 신속한 의사 결정이다. 여러 모로 판단하여 큰 무리가 없다면 소신·재량껏 일을 추진할 수 있어야 한다.

그리고 새내기직원이 상사로부터 지시를 받을 때는 우선 지시 내용에 대해 의욕과 자발적인 태도를 보여야 한다. 의욕과 적극성을 가지고 다각적으로 판단해 보고 무리하거나 부당한 점이 있다고 생각되면 의욕적인 태도로 자신의 의견을 적극적으로 제안하는 것이 좋다.

이러한 의견 표시는 상사가 보다 정확한 사실을 파악할 수 있는 기회를 갖도록 해주는 일이다. 만약 의견이 상충될 때는 합리적이고 객관적인 방법으로 설득력 있게 이해시키는 노력으로 해결토록 해야 한다. 정중하면서도 합리적으로 건의했음에도 불구하고 자신의 의견이 채택되지 않으면 비록 상사의 지시 내용이 명백히 부당하다 할지라도 불법적인 경우가 아닌 한 일단은 상사의 주장에 기꺼이 협력하도록 한다.

대체로 상사들은 오랜 직장생활과 경험 등으로 인해 부하직원보다 업무에 대한 안목도 넓고 생각의 깊이도 더 있다. 따라서 상사의 지시나 업무 처리 방법이 직원들보다 합리적이고 공정할 것이라고 생각하도록 한다. 따라서 상사의 지시는 일단 신뢰감을 갖고 자신 있게 추진하도록 해야 한다. 지시에 대해 처음부터 불만을 가지고 시작한다면 일을 추진하는 데 있어 흥미를 잃어버릴 수 있기 때문이다.

그러나 상사의 지시라고 해서 모두 옳고 잘 된다고 보기는 어렵다. 간혹 좋지 않은 결과도 나올 수 있다. 이럴 경우에는 담당자가 지시를 받고 하는 것이지만 문제점이 발견되거나 더 나은 대안이나 개선 방향이 있다면 중간보고를 통해 처리 방법을 수정할 수 있도록 하는 것도 중요하다. 만약 일을 하면서 '이것은 상사가 지시한 것이니까'라는 안일한 생각에서 시킨 대로 해서 일이 잘못 처리되어 좋지 않은 결과가 나올 때는 담당자로서의 책임을 다하지 못했다고 평가받을 수 있다.

비록 지시받은 사항을 담당자로서 창의적인 생각과 의견을 가지고 상사와 충분한 협의 과정을 거치면서 최선을 다해 일을 추진했음에도 그 결과가 잘못되었다면, 본인이 분명히 담당자로서 일을 맡아 수행했기 때문에 그 책임은 결코 타인에게 전가시키지 않는 자세를 갖도록 해야 한다. 모든 일에 최선을 다했다면 결코 책임 추궁 등에 연연해하지 말고 당당하게 처신하면 된다. 이러한 실패의 경우를 교훈삼아 더 잘할 수 있는 기회가 앞으로도 많이 있기 때문이다.

그러므로 업무에 대한 의무, 즉 책임을 다하기 위해서는 다음 4가지 핵심 내용을 명심하도록 한다.

① 업무를 완수한다

- 세밀한 계획을 세운다.
- 업무에 관한 지식 · 기술 · 정보력을 높인다.
- 부여받은 임무는 끝까지 열의를 가지고 기한 내에 반드시 실행한다.

② 자발적으로 업무에 임한다

- 업무의 의의, 직장의 방침과 계획 등을 잘 이해한다.
- 조직의 일원으로서 자신의 입장과 역할을 자각하여 행동한다.
- 일은 스스로 만들어 내고 재치 있게 행동한다.

③ 양심적으로 일한다

- 작은 일이라도 소홀히 하지 않는다.
- 항상 반성과 자기계발을 게을리하지 않는다.
- 업무 결과를 확실하게 검토한다.

④ 적극적으로 업무에 임한다

- 항상 업무 개선을 위해 노력한다.
- 진보를 추구하며 기술을 연마한다.
- 곤란하고 어려운 일이나 다른 사람이 하기 싫어하는 일을 자진해서 한다.

자기업무에 책임을 다하는 것은 기본적으로는 상사를 보좌하고 업무 목적을 달성하는 것이며, 결과적으로 업적 평가와 승진으로 향한 길을 열게 된다.

 # 업무 보고
타이밍을 잘 맞춘다

03

업무를 진행하면서 상사가 지시한 일은 반드시 그 결과를 보고해야 한다. 그래야 상사는 다음 일을 계획하고 준비할 수 있게 된다. 지시받은 일이 끝났을 때에는 곧 그 결과에 대하여 보고하면 되지만, 만약 일의 과정이 복잡하여 시간이 걸릴 때에는 반드시 중간보고를 하여 진행 상황을 알리도록 해야 한다.

중간보고는 가능한 한 적절한 시기에 자주 하도록 하되, 다음과 같은 경우에는 반드시 해야 한다.

- 업무가 완료되기까지는 상당한 시간이 걸릴 때
- 상황이 변했을 때
- 업무를 진행하는 데 곤란한 문제가 발생했을 때
- 지시받은 방침이나 방법으로는 진행이 어려울 때

- 결과나 전망이 보일 때 등이다.

특히 일에 익숙하지 못한 사람은 아무리 작은 일이라도 자주 보고하는 마음가짐이 필요하다. 보고란 의사소통(커뮤니케이션)의 한 수단이기도 하며 자주 보고함으로써 상사와 일에 대한 일체감을 가질 수 있다.

예로 간혹 상사가 상당한 시간이 걸릴 분량의 업무를 부여하면서 빨리 검토해서 보라고 독촉할 경우가 있다. 이런 경우 상사도 물론 시간이 많이 걸릴 거라는 것을 알고 있겠지만, 급하게 처리해야 하는 내용이기 때문에 담당직원에게 독촉하는 것이라고 생각한다. 담당직원 역시 빠른 시간 내에 보고할 수 있도록 최선을 다해야겠지만, 지시 사항을 검토해 보아 짧은 시간 내에 처리하지 못할 사항이라 생각되면 일단 상사에게 보고하여, 보고 시기에 대해 사전에 협의하여 차질이 없도록 하는 것이 중요하다.

'○○일까지는 지시 사항에 대해 보고를 할 수 있겠는데 그 이전에는 어렵겠다.'는 것을 이야기하여 상사에게 보고 일정을 정확히 알려주고, 거기에 따른 재지시 등을 받는 것이 좋다. 아무리 급한 지시 사항이라 해도 불충분하고 성급하게 업무를 처리할 수는 없는 것이기 때문에 그만한 사유가 있다면 상사도 공감할 것이다.

단, 이럴 경우에는 반드시 마감일을 준수하여 보고할 수 있도록 해야 한다. 그리고 수시로 중간보고를 통해 상사가 궁금해 하지 않도록 하고, 진행 상황에 따라 협의를 계속하면서 업무를 추진한 다면 큰 어려움이 없을 것이다.

04 직속 상사의 보좌를 잘한다

중요한 업무를 수행 중이거나 바쁘게 움직이고 있는데, 다른 상사가 일을 지시하는 경우가 종종 발생할 수 있다. 또는 직속 상사가 부재 중이거나 피치 못할 사정이 있을 때 직속 상사가 아닌 다른 사람의 지시를 받게 되는 경우도 있다.

이런 경우에는 '나의 직속 상사가 아니니까.' '내 일도 바쁜데…….' 하는 생각에서 지시 사항을 거부했거나 주의를 기울이지 않으면 자기뿐 아니라 직속 상사나 선배의 입장도 곤란해지는 경우가 있으므로 특히 주의해서 행동하도록 한다. 이때는 조금 바쁘다 할지라도 상황을 판단하여 일을 처리해 주는 것이 바람직하다고 본다. 도저히 일을 도와줄 수 없는 상황일 경우에는 사정을 잘 이야기하고 오해가 생기지 않도록 하는 것이 중요하다.

판단하기 어려울 경우에는 직속 상사나 관련 상사가 자리에 있을 때 그 상사에게 보고하여 지시나 의견을 듣도록 한다. 그리고 때로는 임기응변의 지혜를 발휘하여 처리할 수 있는 감각을 갖도록 노력한다.

어떤 지시 사항이나 일을 하는 데 있어서 팀장과 중역의 의견이 서로 달라 각각 다르게 지시하는 경우 담당자로서는 무척 난처한 입장에 처하는 경우가 있다. 대체로 직장 내에서는 상사의 경험이나 안목이 부하직원보다는 상당히 많거나 넓은 게 일반적인 경향이다. 따라서 지시 사항에 큰 차이가 없다면 상위 직책인 중역의 의견에 따라 업무를 처리하는 것이 무난하다고 본다.

그러나 팀장과 중역의 지시 사항이 서로 판이하게 다르거나 명백하게 상반될 경우에는 직속 상사인 팀장의 지시에 따르는 것이 옳다고 본다. 왜냐하면 그 업무의 수행 책임과 조직관리, 사람관리에 대한 모든 책임은 바로 직속 상사인 팀장에게 있기 때문이다. 조직 내에서는 일반적으로 직속 상사와 그 윗상사의 지시나 명령 내용이 상이할 때는 언제나 직속 상사의 지시·명령에 따라야 하는 것이 원칙이다.

지시 사항이 상이할 경우 팀장에게 중역이 이러한 지시를 내려 이런 방향으로 하라고 했다는 것을 보고한다. 팀장이 중역의 지시 사항을 참고로 하여 자신의 지시 내용을 한 번 더 생각하거나 수정 지시를 할 수 있도록 함으로써 불필요한 이중 지시가 되지 않도록 한다. 그리고 양쪽의 의견이 너무 상반되어 지시 사항을 한 꺼번에 모두 이행하기가 어렵다거나 어느 쪽도 타당치 않다고 판단되는 경우에는 중역 · 팀장 · 담당자가 서로 의견을 교환할 수 있는 기회를 갖고 신속히 지시 사항에 대한 의견 통일을 하는 것이 현명한 방법이다. 흔히 신입자 혼자서만 고민하다가 엉뚱한 안을 만들어서 보고한다면 시간적으로 손실일 뿐만 아니라 담당자로서도 제 역할을 다했다고 말할 수 없다. 이런 경우는 혼자 고민할 것이 아니라 다시 정확한 지시나 명령을 받을 수 있도록 해야한다.

지시 사항을 원하는 방향대로 완벽하게 수행하기 위해서는 정확한 지시나 의견을 상급자에게 받을 수 있도록 하는 것이 매우중요하다.

업무에 임하는 자세가
양호하다

05

업무란 인간이 살아 나가기 위해 필요한 사회적 생산물(상품, 서비스)의 생산에 종사하는 사회 활동이다. 그리고 이 업무가 삶의 목표가 되고 사명이 된다면 그것이 바로 천직이다. 비록 같은 일을 해도 목적 의식과 의욕을 가진다면 결과는 확실히 달라진다. 따라서 직장인은 다음의 3가지 철학을 가지고 업무에 임하도록 한다.

첫째, 단념丹念으로 업무에 임한다. 수많은 직업 중에서 선택한 직업이다. 처음의 마음을 잊지 말고 매일의 업무를 신념을 갖고 추진하도록 한다.

둘째, 정념情念을 불태워 업무에 임한다. 청춘이란 마음이 젊다는 것을 의미한다. 신념과 희망이 넘치고 용기가 솟는다. 날마다 새로운 일을 계속하는 한 청춘은 영원히 그 사람의 것이다.

셋째, 집념執念을 가지고 업무에 임한다. 업무를 완수하기 위해서는 어려움을 참고 끝까지 포기하지 않는 집념이 필요하다. 지금 기업들은 노력형에서 문제처리형의 직원을 원하고 있다. 무조건 노력만 한다고 해서 성과가 오르는 것은 아니다.

예로 '근면'이란 굴뚝 연기가 나는 공장을 가동하던 시절에는 땀을 뻘뻘 흘리며 묵묵히 일하는 것을 좋아했다. 그러나 현재는 과거의 무겁고 큰 하드 중심 산업에서 가볍고 작은 무동력의 소프트화 · 지식 집약화 · 시스템화 · 서비스화 등의 소프트 산업화가 추진되고 있다. 앞으로는 '문제 발견 · 개발형'이나 새로운 것을 창조해 내는 '아이디어 창조형' 업무가 요구된다.

그럼 여기에서 능률과 효율의 차이를 생각해 본다.

① 능률

생산 중심, 생산량을 높이는 것이 목적으로 주로 육체노동이 핵심이 된다.

- 현장을 기초로 한 문제점을 개선한다.
- 과거를 기준으로 현재의 개선을 도모한다.

② 효율

관리 중심, 품질 향상이 주된 목표로 주로 두뇌 노동이 그 핵심이 된다.

- 기본적인 모습을 그리는 것에서부터 시작한다.
- 궁극적으로는 시스템 · 디자인을 추구한다.
- 장래 목표에 대해 현재의 달성률을 계획한다.

업무 자세에 대한 10가지 핵심 포인트

① 업무는 스스로 만들며 주어지는 것이어선 안 된다.

② 업무란 자신이 먼저 나서서 움직여야지 수동적으로 처리해서는 안 된다.

③ 가능한 한 큰 업무를 맡는다. 작은 일은 자신을 작게 만든다는 사실을 명심한다.

④ 어려운 일을 목표로 삼는다. 그래야만 성공했을 때 크게 성장할 수 있다.

⑤ 일단 시작하면 목적을 달성할 때까지 절대 포기하지 않는다.

⑥ 남에게 끌려가는 것과 내가 리드해 나가는 것은 상당한 차이가 있음을 항상 자각한다.

⑦ 계획을 세운다. 장기적인 계획을 세워 실천해 나가면 인내와 끈기 · 노력 · 희망이 보일 것이다.

⑧ 자신감을 갖는다. 자신감이 없으면 일에 박력이나 끈기 · 흥

미도 없어진다.

⑨ 항상 두뇌를 회전시킨다. 다방면으로 주의를 기울이며 단 1
분의 틈도 있어서는 안 된다.

⑩ 마찰을 두려워하지 말라. 마찰은 성장의 어머니이며 적극성
의 재료이다.

06 부여받은 권한 행사를 확실히 한다

직장인이 업무를 원활히 진행하고 성과를 올리기 위해서는 권한과 책임 및 책무가 명확해야 하며 또한 이 3가지 균형을 자각하고 업무를 추진해 나가야 한다.

- 권한이란 직무 수행에 필요한 결정 · 지령 · 행동의 권리다.
- 책임이란 담당 업무를 수행해야 할 의무이다.
- 책무란 일에 대한 책임과 의무를 말하며 업무를 끝맺음할 정리 의무와 보고 의무가 있다.

권한에는 플러스 권한과 마이너스 권한이 있다. 플러스 권한이란 비용 절감과 생산성 향상, 업무 개선과 후배 지도 등 직장에 도움이 되는 권한을 말한다. 마이너스 권한이란 교제비 사용 · 쓸모 없는 인재 고용 · 신설 비용 증가 등과 같이 직장에 도움되지 않는 권한으로 이러한 권한 행사에 상사는 '노(No)' 라고 말한다.

흔히 책임자가 아닌 경우 일반적으로 '권한이 없다.'고 말하지만 사실 그것은 틀린 말이다. 말단직원이라도 플러스 권한을 행사했을 때 받아들이지 않는 상사는 없다. 이러한 좋은 결과가 평가됨으로써 당신에게는 행운이 뒤따를 것이다.

- 권한이란 업무를 공적으로 실행하는 힘이다.
- 권한이란 개인이나 특정 지위에 있는 것이 아니라 직무에 딸려 있는 것이다.
- 직무에 관한 권한과 책임 내용 · 범위를 명확히 행사한다.
- 권한 행사시에는 결과에 대한 책임을 자각하고 이루어져야 한다.
- 권한이 주어지기를 기다리기보다는 능력 확대, 업적 향상을 통하여 스스로 권한을 확대해 나가야 한다.
- 권한은 고정적인 것이 아니다. 주어진 권한은 모두 사용한다. 모두 사용했다면 새로운 권한이 주어진다. 그리고 사용하고 남았다면 반납한다.(상사가 그 일은 커버할 것이므로)
- 상사의 권한은 가능한 한 위양하고 각자가 자기완결형 업무를 목표로 한다. 권한을 위양했다고 해서 책임 회피를 할 수는 없다.

07 성과를 올리는 업무를 진행한다

직장인이 업무를 창조적으로 수행하기 위해서는 다음과 같이 진행하도록 한다.

① 업무 계획을 세운다

- 업무 목적을 올바로 파악한다.
- 그 일에 대한 정보·문제점 등 객관적 사실을 파악한다.
- 정보·사실과 함께 업무 내용·질과 양·실시 방법·기간 등의 실행안을 만든다.

② 업무는 창조적으로 실행한다

- 담당 업무에 대한 책임과 권한을 명확히 하고 업무의 우선순위를 결정하고 의욕적으로 실행한다.

- 업무는 경제성 · 정확성 · 신속성 · 안정성 · 표준화 · 매뉴얼화 등을 고려하여 실행한다.
- 업무의 기능 향상이 임무이다. 독창성을 충분히 발휘하여 질 높은 업무를 한다.

③ 결과를 검토한다

- 계획과 실적을 충분히 비교하면서 차이를 발견한다. 눈앞의 일에서부터 구조적인 일까지 모두 파악해야 한다.
- 차이의 원인을 분석 · 규명하고 대책을 강구한다.
- 결과를 다음 계획으로 입안하고 개선의 발판으로 삼는다.

④ 과학적인 업무 처리 단계

- 목적을 확실히 한다. 일의 목적 · 사명과 목표 · 방침을 안다.
- 조사를 통해 정보를 수집한다. 관계 사항을 종합적으로 파악, 분석 · 정리한다.
- 공통점을 발견한다. 복잡한 상황에서도 공통점을 찾아 낸다.
- 원리 원칙에 맞추어 본다. 과거의 법칙성 · 원리 · 정석 등과 비교한다.
- 이론적으로 추리한다. 과거의 경험과 비교했을 때 어떠한가를 추측한다.

- 실험한다. 필요에 따라 반복된 테스트를 거쳐 데이터를 수집한다.
- 결정한다. 사실을 분석 · 종합하여 판단을 내린다.
- 적용한다. 이것으로 만족하다고 생각되면 적용하여 실행한다.

⑤ 업무 목적과 목표를 숙지해 둔다

- 업무 목적은 기업의 사회적 책임과 경제적 목적을 달성하는 데 있다.
- 업무 목표는 '달성 기간과 수준을 계량적으로 나타낸 것'이다. 그러므로 우리의 업무는 계량적 목표에 맞추어 계획 입안되고 구체적으로 추진된다.
- 5W 1H에 따라 계량적 목표를 올바르게 파악하고 조금의 오차도 없이 실행한다.
- 상사의 기대(달성 수준)를 넘어선 질 높은 결과를 냄으로써 새로운 기획을 잡을 수 있게 된다.

⑥ 오늘 일은 오늘 마무리한다

그날의 업무는 '해가 지기 전까지 마무리한다.'라고 스스로에게 시한을 정하고 업무에 임한다.

- 모든 업무는 계획 입안 시 달성 기간을 명확히 설정한다.

- 오늘 할 일을 내일로 미루지 않는다. 반드시 단락을 지어야 한다.
- 일을 방치해 두지 않는다. 일할 때는 언제나 '완결주의' 자로 임하고 필요한 보고를 실시한다. 내일의 업무 진행 절차까지 확인하고 나서 퇴근한다.

⑦ 최대한 업무 목표를 숫자화한다

- 무엇을(WHAT) : 업무의 종류 · 성질 · 내용 · 특징 · 수량 · 종목 · 브랜드
- 왜(WHY) : 목적 · 목표 · 배경 · 필요성
- 언제(WHEN) : 착수 시간 · 완성 시기 · 임시적인가 · 정기적 인가
- 어디서(WHERE) : 장소 · 위치
- 누구와(WHO) : 상대, 담당, 단수 · 복수의 사람, 사내 · 사외 의 사람, 고객, 부하 · 동료, 선배 · 후배 · 협력자
- 어떻게(HOW) : 수단 · 방법 · 테크닉 · 달성 기준 · 달성 목 표치 · 수량 · 완성도 · 기대치

08 업무 계획을 잘 수립한다

기획이란 무엇을 할 것인가를 계획하고 목적과 목표를 대략적으로 모색하는 것이다. 기획을 하기 위해서는 감수성·창조력·분석력·종합력·수치 능력·설득력 등의 능력이 있어야 한다.

또한 기획은 구체적으로 어떻게 추진하는가의 문제이며 그 전제 조건으로 목적과 목표가 확실하게 수립되어 있어야 한다.

① 기획의 구성 요소

• 비전을 명확화한다.
• 기업의 능력과 실태를 파악하고 있다.
• 목표 달성이 뛰어난 입안을 창출할 수 있다.

② 좋은 기획을 수립하는 순서

- 기획의 명칭
- 입안자 · 책임자명
- 기획의 목적(전략적 의도 · 변혁 의도)
- 문제의 개요(상황 · 요인 분석)
- 목표 · 계획 도달에 이르는 과정(목표의 수치화 · 구체적 수단 · 아이디어 창출)
- 예상 결과(기대치를 명시한다.)
- 필요한 자원(사람 · 물자 · 자금 등을 명확히 한다.)
- 제안 이유(필요성에 대한 입증과 장점을 명확히 한다.)
- 제출 · 승인 및 완성 기일

③ 업무 기획 시 유의점

- 일반적인 상식에 의문을 가져본다.
- 발상을 전환해 본다.
- 예상 밖의 공격을 해본다.
- 실패를 교훈으로 삼는다.
- 다른 분야에서 힌트를 얻는다.

④ 훌륭한 기획을 위한 핵심 포인트

- 시기적절해야 한다.
- 현실성이 높아야 한다.
- 창조적 내용이어야 한다.
- 개념이 확실해야 한다.
- 융통성 있게 대안이나 조정안도 생각해 둔다.
- 무리가 없어야 하며 필요성이 있어야 한다.
- 내외의 변화에 적응할 수 있어야 한다. 기업 성장의 기획 의도가 담겨져 있어야 한다.(전략적 측면)

그리고 근육에서 최대의 힘을 얻기 위해서는 훈련을 통해 강화시켜야 한다고 했다.

① 새로운 아이디어 창출 5단계

- 목적과 욕구를 분명히 한다. 해결하고 싶다, 하고 싶다, 향상시키고 싶다는 마음에서 출발한다.
- 아이디어 발상을 위해 준비한다.
  - 수단 · 방법을 조사한다.
  - 정보를 수집한다.
  - 자료를 분석 · 정리한다.

- 토론한다.
- 질문한다.
- 감각을 연마한다.
- 배양한다. 토양 속에서 씨앗의 눈을 틔우고 항아리 속에서 포도가 발효해 포도주가 되는 것과 같이 축적된 많은 지식과 정보가 서서히 싹을 틔울 때를 기다린다.
- 영감(inspiration)을 키운다. 순간적으로 번득이는 직감으로 모든 것이 해결된다. 또는 창조적 활동 속에서 힌트를 얻을 수도 있다.
- 검증한다.
  - 자신의 아이디어를 객관적인 시각으로 냉정히 바라본다. 이론상 문제가 없는지 체크한다.
  - 타인의 의견을 듣고 수용한다.
  - 재검토하여 그 중에서 뛰어난 것을 선택한다.

순간적으로 떠오르는 발상이 모두 좋은 아이디어가 될 수는 없다. 현실성이 있어야 하고 이론적으로 실현 가능한 것이어야 한다.

② 아이디어 발상법

- 그 밖에 다른 사용법은 없을까?
  ⇒ 매직테이프를 기저귀 커버에 부착함.

- 다른 곳에서 아이디어를 빌릴 수는 없을까?

  ⇒ 거북이가 수륙 양용.

- 형태 · 색 · 운동 등을 조금 변형시켜 본다면?

  ⇒ 승용차나 가전제품 등 모든 분야에 걸쳐서.

- 크게 해보면?

  ⇒ 소형 현미경을 크게 하여 천체망원경으로.

- 다른 것을 대용해 보면?

  ⇒ 철 대신 경금속 · 플라스틱 · 세라믹을 이용.

- 역으로 생각하면?

  ⇒ 사물을 역발상으로 생각해 본다.

- 교체해 보면?

  ⇒ 유리 용기를 튜브(플라스틱)나 종이팩으로.

- 조합해 보면?

  ⇒ 부엌 싱크대에 시계와 라디오를 부착시킨다.

거래 상담과
고객과의 문제 해결

09

면담이나 상담을 통해 거래에 성공하기 위해서는 상담 목적을 정확히 파악하는 동시에 자신 및 상대방의 입장과 목적, 업무의 내용과 역할, 개성 및 장·단점을 잘 안 다음에 대응해야 한다.

① 1단계 : 편안한 분위기를 만든다
- 웃는 얼굴로 인사하며 상대방의 얼굴을 확인한다.
- 친밀한 태도로 상대방을 배려하면서 이야기한다.

② 2단계 : 용건과 상대방의 의향을 잘 듣는다
- 맞장구를 쳐주고 상대방의 말에 응수해 주면서 질문을 통해 의견을 명확히 한다.
- 목적을 객관적으로 정확하고 빠르게 이해한다.

- 단정적인 질문은 피한다.

③ 3단계 : 요령 있고 정확하게 설명한다
- 상대방에 맞는 화법을 구사한다.
- 포인트는 명확히, 쉽고 간략하게 설명한다.
- 중요한 사항은 반복해서 설명해 준다.

④ 4단계 : 상대방을 납득시켜 협력하게 한다
- 논지를 정리해서 실증적으로 설명한다.
- 상냥한 태도로 조용하고 부드럽게 이야기한다.

⑤ 5단계 : 내용을 확인하고 대응책을 약속한다
- 감사의 마음을 표시한다.
- 적절한 시기에 끝맺음한다.

그리고 고객과의 업무상 발생하는 트러블에 대한 고충은 5단계로 해결할 수 있다.

① 불평을 들어준다
- 진지한 얼굴과 태도로 성의를 다해 듣는다.

- 상대의 이야기를 마지막까지 냉정하게 듣는다.
- 변명이나 논쟁을 하지 않고 요점은 메모한다.
- 적당히 응수하며 상대방의 말꼬리를 잡지 않는다.
- 애매한 점은 질문하고 불평은 모두 들어준다.

② 원인을 분석한다
- 재빨리 불평의 핵심을 파악한다.
- 문제의 종류와 내용을 파악하고 전례를 비교한다.
- 방침 · 정책 · 기준과 조합하여 검토한다.

③ 해결책을 발견한다
- 자신의 잘못으로 인한 문제는 아닌가를 판단한다.
- 자신의 권한 외의 경우에는 해당자에게 위임한다.
- 신속하게 처리한다.
- 상대방의 과잉 요구에 대해서는 상호 간에 냉정히 생각해 보고 충분히 이야기를 나눈다.

④ 해결책을 전달한다
- 당사자의 책임일 경우에는 정중하게 사과하고 성의 있는 해결책을 제시하고 납득시킨다.

- 알기 쉽고 구체적으로 설명한다.
- 상대방의 책임일 경우에는 비난하지 말고 원인을 알기 쉽게 설명하고 양해를 구한다.

⑤ 결과를 검토한다
- 상대방의 반응을 조사한다.
- 불평이 재발하지 않도록 노력한다.

상대방의 불평을 받아들이는 말
- "그렇습니까?"
- "지당하신 말씀이십니다."
- "그만 폐를 끼치고 말았습니다."
- "신경을 써주셔서 정말 고맙습니다."
- "정말 곤란하게 되었군요." "그거 어렵겠군요."를 반복한다. (상대방의 감정이 회복될 때까지 기다린다.)
- "신속히 조사해서 처리하겠습니다."

10 설득력 · 협상력 · 교섭력을 잘 발휘한다

① 갈등 분쟁의 3가지 해결 방법

- 분쟁 : 폭력으로 상대방을 항복시키는 방법으로 싸움이나 전쟁 등이 있다.
- 교섭 : 말로써 분쟁을 해결한다. 쌍방이 양보하고 이해와 의견 대립을 해소한다.
- 조정 : 이해관계가 없는 제3자가 중개자가 되어 쌍방을 납득시켜 해결을 알선하는 것이다. 이 밖에 당사자 간의 자주적인 조정도 있다.

② 성공적인 교섭을 위한 핵심 포인트

- 상대방의 입장 · 성격 · 자존심에 대해 잘 알아둔다.
- 상대방 요구(욕구)의 최저선을 파악한다.

- 상대방의 인간성 · 자존심 · 명예를 존중한다.
- 교섭 장소 · 시간 · 분위기를 배려한다.
- 상대방의 말에 귀를 기울이고 욕구나 관심사의 핵심을 빨리 파악해 낸다.
- 교섭 내용과 과정에 대해 생각해 나간다.
- 교섭의 구체적인 내용 · 방법 · 결과를 명시한다. 상대방의 장점을 분명히 나타낸다.
- 상대방의 선택의 폭을 넓혀둔다.
- '객관적 기준'을 공동으로 발견한다.
- 이론만이 아니라 상대방의 마음에도 호소한다.
- 압력에 굴복하지 않고 원리에 기초해서 결정한다.
- 성급히 결론을 내리지 말고 끈기 있게 이야기를 나눈다.

③ 교섭 설득의 4가지 기술

- 메아리법 : 메아리와 같이 상대방의 말을 반복하는 방법. 상대방의 말에 동조와 공감을 나타내고 상대방의 감정이 가라앉을 때까지 기다렸다가 대응한다. '정말 어려웠습니다.' '그렇습니까? 정말 어려우셨겠군요.'
- 'YES · BUT'법 : '네, 그렇습니다. 그러나'라는 식으로 처음에는 상대방의 말에 긍정을 나타낸 후 역전시키는 방법이

다. 주의할 점은 상대방 얘기를 무조건 부정해서는 안 된다. 상대가 감정적이 되면 교섭이 힘들어진다. 'ㅇㅇ 씨의 지적은 정말 예리하십니다. 잘 검토해 보겠습니다. 그러나 시각을 바꾸어보면 다른 견해도 있습니다. 참고로 저희 쪽 의견을 말씀드려도 되겠습니까?'

- 자료전환법 : '이 자료를 보십시오.' 라고 숫자 · 카탈로그 · 샘플 · 전문서적 · 학술지 · 신문 등의 자료를 제시하여 논리적으로 설명해 이해시킨다.

- 질문법 : '당신의 의견은?' 이라고 물어 상대방의 반대 · 의문 · 문제 · 제안 등을 잘 들은 뒤에 핵심과 본질을 파악하여 적절하게 대응한다.

11 대화를 통해 업무 절충을 잘한다

업무 조정이란 조직 활동에서는 일정한 방침에 보조를 맞춘다는 의미로 해석할 수 있다. 조직 활동은 목적 달성을 위해 분업과 분담으로 진행되는데 환경 변화, 문제나 장애, 부서 간의 알력이 발생한 경우 본래의 사명을 보다 효과적으로 달성하기 위해서는 관련 부서가 협심해야 한다. 그런 경우 이해나 견해의 대립을 해소하기 위해 조정을 필요로 하는 일이 많다. 조정 방법에는 연락과 의뢰, 정보·의견 교환, 조정 회의 등이 있다.

① 업무 조정의 3가지 원칙

- 시스템 조정 : 업무상 핵심이 되는 직무 분담·사무 처리·작업 순서·매뉴얼·규정 등의 개선은 관계자에게 맡긴다.
- 의견 조정 : 각 방면의 관계자와 충분히 이야기를 나눈 후 목

적에 따라 의견 통일을 도모한다.

- 감정 조정 : '체면을 깎였다.' '녀석, 정말 마음에 들지 않는다.' 등의 감정 대립이 있다. 여러 사람의 납득과 협조를 얻도록 노력한다.

② 업무에 관련된 조정 사항

- 계획 조정 : 목표 · 전략 · 계획 · 표준 절차 등
- 조직 간의 조정 : 관계부서 간의 업무상 협력, 협조 등
- 명령과 그 후의 조정 : 업무의 진행 상황 · 상황 변화 · 보고와 실적에 의한 것
- 통제와 조정 : 계획과 실적의 차이 · 이에 기초한 수정 · 보수 · 종합적 조정
- 경영 요소에 대한 조정 : 경영 전략 · 전술에 관한 조정

③ 업무 조정의 3가지 방법

- 강압적 조정 : 직무 권한으로 서로 대립되는 의견이나 이론을 일방적으로 강요하며 결정하는 것으로, 표면적으로는 받아들여져도 내면에서는 반발이 일어나 협력하지 않는다.
- 타협적 조정 : 이쪽에서도 눈물을 흘리니까 그쪽도 참아 달라고 하는 방법으로 사전에 쌍방 주장에 미리 양보해 본래의 목적에서 벗어날 수 있다.

- 통합에 의한 조정 : 권력이나 압력을 배제한 조정으로 안이하게 결정된 타협이 아니다. 쌍방 간에 충분한 대화를 통해 가치 높은 대화를 창조하고 차원 높은 결론에 도달할 수 있다.
  - 목적을 확인한다. 조정은 사람과 사람 사이에서 이루어지는 것이지만 항상 조직의 목적 달성 입장에 있다는 사실을 잊어서는 안 된다.
  - 보다 높은 가치를 지향한다. 개인적 감정이나 체면에서 벗어난다. 높은 식견을 가지고 조정한다.
  - 충분한 검토를 거친다. 평론가가 되어서는 안 된다. 함께 책임을 자각하고 창조성 높은 결론을 내린다.
  - 양자의 의견 통합을 이룬다. 세부적인 일에 구애받지 말고 전체의 요구와 의견을 받아들인다.

조직생활을 잘하는 직장인

04

조직원으로서의 목표와 사명감이 투철하다

01

인간을 분발시키는 4가지 키워드는 '듣는다 · 맡긴다 · 알린다 · 인정한다.'이다. 그리고 인간의 최대 욕망은 집단용이라고 한다. 따라서 이 욕망을 만족시키지 않으면 인간은 삶의 희망을 잃는다.

바로 이 욕망을 만족시키는 최선의 방법은 그 사람의 말을 잘 들어주는 것이다. 조직 안에서 팀의 멤버가 자신의 말을 잘 들어주길 바라는 사람은 리더이다. 리더(상사)가 부하들의 말을 잘 들어줄 때 부하직원들은 고독감으로부터 해방되며 조직 내에서 내가 없어서는 안 될 존재라는 확신을 갖게 된다. 그리고 생기가 넘치며 자신의 실력을 발휘하게 되는 것이다.

① 회사의 목표를 안다

- 기업의 성장 발전 : 기업의 공공성 유지와 사회적 책임 수행, 조직원의 생활 복지 향상을 위해서는 어느 정도 기업의 성장이 전제되어야 한다.
- 기업의 수익성 확보 : 기업의 생존과 발전을 위해서는 적절한 수익성을 확보할 필요가 있다.
- 경쟁력 있는 생산성 확보 : 생산성은 기업의 경쟁력을 결정하는 요인이며 직원 급여의 자원이다.
- 기업의 안전성과 탄력성 유지 : 기업 존속을 위해서는 사회 환경 변화에 적응할 수 있는 기업 안정성(매출 · 이익 · 조업도 등)과 탄력성을 필요로 한다.

② 일하는 목적을 안다

- **사회를 위해**
  - 조세
  - 사회 · 문화 발전
- **회사를 위해**
  - 기업의 발전과 자원의 축적 및 주주 배당
- **자신을 위해**
  - 생활 유지와 안정된 미래, 자아실현 욕구

③ 회사 조직원임을 자각한다

- 목적에 따라 자신의 임무를 완수한다.

조직은 일정한 목적 달성을 위한 협력체이다. 많은 사람들에게 그 목적과 임무를 분업과 분담의 형태로 할당해 주고 수행하게 한다. 한 사람 한 사람의 임무 수행이 누적됨으로써 조직은 큰 성과를 올리게 된다.

- 조직 집단의 규범을 준수한다.

조직 내에서는 수많은 사람들이 움직이기 때문에 일정한 규범이 존재한다. 그것은 입사 규칙·업무 수행 규정·사내 규칙 등으로 대표되며 직장 내의 질서 유지와 효율에 유의하면서 행동해야 한다. 동시에 사회인으로서 사회의 규칙도 잘 지켜야 한다.

- 프로페셔널로서의 본령을 발휘한다.

일반적으로 프로페셔널이란 '전문가'를 의미한다. 이 말에는 공언·선언 등의 의무가 포함되어 있는데, 즉 전문성·실적·프라이드를 갖춘 사람을 가리키는 것이다. 업무에 대한 보수를 받고 그것으로 생활을 해나가는 이상 아마추어는 아니다. 진정한 프로페셔널의 본령을 발휘하기 바란다.

④ 회사 조직원으로서 갖춰야 할 조건

- 조직의 방침을 잘 알고 자신의 역할과 책임을 자각한다.
- 자신에게 주어진 업무를 완벽하게 수행한다.
- 상사의 명령·지시에 충실히 따른다.
- 업무에 관한 지식·기술을 마스터한다.
- 직장 내에서의 긴밀한 커뮤니케이션에 신경 쓴다.
- 협동심이 왕성하고 직장의 팀워크를 육성한다.
- 동료의 업무나 입장을 존중하고 상호 신뢰 하에 업무를 진행한다.
- 직장의 규칙을 준수한다.
- 공사의 구별을 명확히 한다.
- 업무상 기밀을 엄수한다.

기업은 이익 달성의
조직체이다

02

기업 조직이란 '하나의 목적을 완수하기 위해 종적·횡적관계
를 확실히 하고 그 속에 속해 있는 모든 구성원의 힘을 결집할 수
있도록 구성된' 것이다.

조직은 단순히 사람의 집합체가 아니며 사람이 목적이 아니다.
단순히 모여 있는 조직은 오합지졸이며 군중에 지나지 않는다. 그
러므로 여기서는 창조성이 발휘되기 힘들다.

조직 성립 요소에는 다음 3가지가 있다.

- **공통된 목적이 있다.**

  조직이 지향하는 목적이나 목표가 명확히 제시되어 있으며
  이것은 조직 멤버 전원이 받아들일 수 있는 것이다.

- **협동의 의지를 가진다.**

  조직 목적의 달성은 단독으로 이루어지는 것이 아니라 복수

의 인간 활동에 의해 일정 기간 계속적으로 행해져야만 가능하다. 그러므로 상호 간의 협력이 효과적으로 이루어져야 목표를 달성할 수 있다.

- **의사 교류를 한다.**
  조직 활동은 '상의하달, 하의상달'에 의해 상호 이해와 협력 아래서 공통 목표를 달성하는 것이다. 이 3가지 요소의 효과적인 상호 작용은 조직에 활력을 불어넣으며 평범한 사람으로 하여금 비범한 행동을 하게 한다.

기업 조직은 그 목적에 따라 여러 가지 타입이 있다. 기본적으로는 목적 달성을 위해 어떻게 하면 바람직한가에 따라 인재나 업무를 계획한다.

- 라인형 조직 : 생산이나 판매를 직접적으로 실시한다. 업무를 수행하는 데 필요한 보조 업무도 모두 책임을 진다.
- 스태프 조직 : 전문 지식을 필요로 하는 업무나 보조 업무를 실행(라인형) 부문에서 분리해서 별도의 부문(스태프)으로 한다.
- 라인·스태프형 조직 : 라인과 스태프를 조합하여 업무상 명령은 라인의 책임자가 맡고 전문적인 부문, 상담이나 서비스 또는 보조 업무 등은 스태프가 지원한다.

- 펑셔널(기능)형 조직 : 각 부문의 전문가를 전문직에 배치하고 분야가 다른 사람에게도 각각의 전문 사항에 관해서 지휘 명령을 할 수 있다.
- 프로젝트팀형 조직 : 일정한 과제에 대해 조사 · 연구 · 탐색 · 고안 · 해결을 위해 소수의 사람이 밀접하게 제휴하여 공동 작업을 하는 조직이다. 종적 · 횡적인 기동성을 가진 조직이라 할 수 있다.

03 직장 조직을 이해한다

직장 조직은 다음의 4가지 역할을 가진 사람들에 의해 구성된다.

- 결정 기능을 가진 사람 : 직장의 목적, 기본적인 경영 방침과 내용 등을 결정한다.
- 관리 기능을 가진 사람 : 경영 방침에 따라 부문 활동을 구체화하고 업무가 정확하고 효율적으로 이루어지도록 관리하는 사람으로 부장 · 과장들이 이에 속한다.
- 감독 기능을 가진 사람 : 제1선에서 업무 수행을 지시 · 감독하며 현장 업무를 총괄하는 사람으로 대리 · 주임이 이에 속한다.
- 실시 기능을 가진 사람 : 감독자 · 관리자의 지시나 감독을 받아 업무를 수행한다.

여러분들은 대부분 이상의 4가지 중에서 실시 기능을 가지고 있을 것이다. 직장 내에서 업무를 수행해 나가기 위해서는 이러한 조직 체계를 염두에 두고 항상 자신의 입장을 파악하고 성실히 업무에 임하는 것이 중요하다. 또한 각 계층을 확실하게 연결시켜주는 것은 보고와 연락, 그리고 적절한 명령이다.

① 회사 조직 계층과 기능
- 경영 기능 : Top 매니지먼트
- 관리 기능 : middle 매니지먼트
- 감독 기능 : Low 매니지먼트
- 실시 기능

② 회사 경영의 핵심 요소
- 목표 : 무엇을 해야 하나?
- 조직 : 어떻게 업무를 분담할 것인가?
- 종업원 : 누구에게 어떠한 업무를 맡길 것인가?
- 설비 : 어떠한 설비를 사용할 것인가?
- 표준 실시법 : 어떠한 경우에 업무를 추진할까?
- 작업 기준 : 업무를 어느 정도 시켜야 하는가?
- 업적 평가 : 업무가 예정대로 진행되었는가?

조직이란 조직 구성원의 활동성 여하에 따라 발전할 수도 있고 기울 수도 있다. 조직이 활력을 잃고 쇠퇴해 가는 원인에는 다음과 같은 것들이 있다.

- 새로운 시대에 맞는 도전적 목표가 없다. 기준으로 삼을 목표 기반이 없다면 조직의 활력은 살아날 수 없다.
- 고령화와 책임자의 감소 : 종업원의 고령화가 진행되는 가운데 책임자의 부족으로 의욕이 저하된다.
  - 아이디어 부족 : 새로운 목표의 상실로 타성에 빠지게 된다.
  - '일하지 말자.' 주의 : 전례답습주의로 안전운전만을 주장한다.
  - 책임 회피 : '상사가 결정한 것이기 때문에 상사 탓이다.' '시킨 대로 하지 않았기 때문에 부하의 잘못이다.' 라고 하면서 서로에게 책임을 전가시킨다.
  - 형식주의 : 서식·절차에 구속되어 사람보다도 형식을 중시하여 수단이 목적화된다.
  - 피드백의 불가능 : 권위주의적인 조직에서는 상사의 의도에 맞는 의견이 나오지 못한다.
  - 파벌주의 : 배타주의로는 팀워크를 발휘하기 힘들다.

③ 건강한 회사 조직

- 자유롭게 발언할 수 있다.
- 각자의 역할과 책임이 명확하고 뚜렷한 사명감을 가진다.
- 도전 정신으로 사회 변화에 민첩하게 대응한다.
- 문제를 직장의 활력원으로 삼고 재빨리 반응한다.
- 조직에 창조의 힘이 존재한다.
- 맨몸으로도 만날 수 있는 편안함이 있다.
- 고객만족 제일주의 이념이 존재한다.

직장 활성화에
기여한다

04

조직에서의 행동은 크게 두 가지로 나눌 수 있다.

① 제도적 행동

조직의 제도로 결정되어 있는 '목표 방침 · 계획과 제도 · 사내 규칙 · 입사 규칙 · 명령 · 지시 · 절차' 등을 조직의 일원으로서 지키고 행동하는 것을 말한다. 이것은 조직의 발전과 질서 유지에 필수적이다.

② 역할적 행동

집단 내에서 각각의 사람이 조직원으로서 어떻게 행동해야 하는가를 판단한다. 주변 사람들은 자신에게 무엇을 기대하고 있으며 그 기대를 만족시키기 위해서는 무엇을 해야 하는가 등을 생각한다. 그리고 그 역할과 책임을 자각하고 이것을 지침으로 받아들여 행동한다.

조직의 모든 제도나 규칙은 인간이 만들어 놓은 것이다. 시대나 환경 변화에 따라서 기능을 제대로 발휘하지 못하는 것도 있다. 이것을 보완함으로써 조직 활동이 원활히 진행된다. 프로사원이 되려면 위로부터의 기대와 아래로부터의 요청을 잘 파악하여 이것에 도전하는 자세여야 한다.

소집단 조직은 톱니바퀴처럼 맞물려 돌아가는 집단 속에서 놓치기 쉬운 인간의 존엄성이나 주체성을 확보하며 자기성장과 자기충실을 추구해 나가야 한다.

소집단 활동의 장점은 첫째, 서로의 인품과 사고방식을 알 수 있고 둘째, 정보가 쉽게 전해지며 셋째, 감정 교류가 쉽고 동료 의식이 강하다는 점이다.

③ 소집단 활동의 성격

- 멤버 전원이 업무의 주인공으로 자주적으로 참가한다. 10명 전후로 그룹화할 수 있다.
- 리더는 멤버의 강력한 지원자이다.
- 팀 목표를 정할 때의 주의 사항

- 전원이 대화를 통해 자주적으로 결정한다.
- 조직의 역할을 자각하고 의욕적으로 결정한다.
- 개인 목표와 조직 목표의 융합을 도모한다.
- 성취감을 맛볼 수 있는 수준의 업무를 결정한다.
- 활동 기간은 주제가 완료되는 시점으로 한다. 다음 활동 포인트와 같은 주제를 결정하여 계속 활동해 나갈 수 있다.

④ 소집단 활동의 핵심 기능
- 품질관리 활동(QC), 무결점 운동(ZD), 직장 개선 활동 등을 통하여 직장의 활성화를 도모한다.
- 멤버의 문제 해결력과 능력 개발을 촉진한다.
- 참여 의식과 근로 의욕을 환기시킨다.
- 보다 인간적인 직장 만들기를 목표로 한다.

⑤ 소집단 활동의 문제점
- 소집단 활동은 정식 직제가 아닌 임의로 참여하는 그룹 활동이므로 일상적인 업무 활동과 소집단 활동 목표와의 우선순위가 불명확해지기 쉽다.
- 그룹 리더의 책임 범위가 불명확하고 책임감이 결여되기 쉽다.

- 그룹 멤버의 참여 의식에 많은 차이가 있고 통일되기 힘들다.
- 그룹 활동이 매너리즘에 빠지기 쉽다.
- 그룹 멤버가 고정되어 있어서 파벌이 생기기 쉽다.
- 일상 업무가 바쁘기 때문에 그룹 활동에 적극적으로 참여하기 어렵다.

이상의 문제점을 직시하고 의욕적 · 창조적으로 활동을 전개하는 게 좋다.

05 새로운 과제는 팀워크로 해결한다

① 권위적인 조직에서 생동감 있는 조직으로 만든다

- 피라미드식 조직은 위로부터의 명령으로 아래를 움직인다. 따라서 개인 행동이 속박되고 제약받을 수 있다.
- 생동감 있는 프로젝트팀에서는
  - 업무 권한을 대폭적으로 부하직원에게 위임한다.
  - 회사는 기본 방침을 제시하고 팀원들의 상담에 성심껏 조언해 준다.
  - 자주적·창조적으로 업무를 수행하며 성취감을 맛볼 수 있게 한다.

② 프로젝트팀을 운용한다

- 팀의 목표나 과제는 기업 측이 결정하여 조건·수치·기간·예산·비용 등을 제시한다.
- 팀의 리더 선출
  - 기업 측이 과제 달성에 대한 종합적 조정 능력과 전문 지식이 뛰어난 사람으로 임명하며 상담·지원형 리더가 적합하다.
- 팀멤버 선정
  - 과제 해결 능력이 있는 사람을 여러 직장에서 광범위하게 모은다.
  - 기업 측 또는 리더가 지명한다.
  - 소수정예주의로 의욕을 가진 사람을 선정한다.
- 활동 기간
  - 먼저 풀타임인지 파트타임인지를 결정한다.
  - 파트타임일 경우 본래의 직무와 프로젝트팀의 활동에 따라 명확하게 결정한다.
  - 과제 해결 후 팀은 해산되고 원래의 직장으로 복귀한다.

③ 프로젝트 활동의 10가지 핵심 포인트

1. 목적 지향이 강하고 활동 성과를 중시한다.

2. 특정 과제 달성을 위해 구성된 임시 조직이다.

3. 과제 달성을 위해 권한과 책임이 대폭 주어진다.

4. TOP층의 백업(Back Up)이 중요하다.

5. 스스로의 힘으로 업무 권한을 사용할 수 있는 능력과 자세가 필요하다.

6. 과제 달성을 위해 관계부서에 PR과 협력을 요청할 필요가 있다.

7. 멤버 상호 간에 긴밀한 의사소통과 동료 의식을 갖는 것이 중요하다.

8. 멤버의 자주적 · 창조적 활동을 촉진한다.

9. 목표 내용에 따라 리더와 멤버가 변하며 100% 적재적소를 목표로 한다.

10. 무엇이든 자유롭게 토론할 수 있어야 한다.

06 출퇴근 시간을 잘 지킨다

① 출퇴근 시의 인사 교환

투자 중 가장 좋은 투자는 돈 안 드는 투자이며, 사람에 대한 투자이다. 그 중 인사는 가장 좋은 투자로 나를 뚜렷하게 심는 일이다. 그러므로 인사는 자신과 상대를 위하는 마음으로 해야 하며 이를 습관화하도록 한다.

아침에 출근해서 모두에게 밝고 명랑하게 인사를 한다면 사무실 분위기는 물론 일하는 데 있어 활력소가 될 수 있다. 퇴근 시에도 인사를 해야 한다. 부서에 일이 많아 다른 동료들이 퇴근을 못할 경우 도울 수 있는 업무는 도와주는 것이 좋다. 그렇지 않을 때는 자신의 일을 다 마치고 퇴근하면 된다.

특히 출근 시에는 명랑한 어조로 '안녕하십니까?' 퇴근 시에는 단정한 차림으로 '먼저 나가겠습니다.' 라고 인사를 하는 습관을 갖도록 한다. 그리고 출퇴근 시뿐 아니라 인사를 할 때에는 항상 인사말을 곁들이는 것이 좋다. 인사는 마음속에서 우러나오는 감정과 겉으로 표현되는 진실한 감정이 상대방에게 전달되기 때문에, 인사를 할 때는 자신의 친절 · 정성 · 감사의 마음을 정중하면서도 밝고 상냥하게 표현하는 것이 좋다.

② 퇴근 시간대의 잔무

근무 시간이 끝나고 약속이 있어 먼저 퇴근하려고 하는데 갑자기 상사가 회의 소집 또는 업무 지시를 할 때가 있다. 이럴 경우 무척 짜증도 나고 어떻게 해야 할지 망설여지는 경우가 있다.

우선 상사는 퇴근 시간에 임박하여 업무 지시나 회의 소집을 가급적 하지 말아야 한다. 매우 급한 용무라면 할 수 없겠지만, 이런 것은 관리자로서 바람직한 업무 처리라고 볼 수는 없다. 만약 퇴근 시간에 임박하여 상사의 업무 지시가 있을 때는, 먼저 마감 시간을 알아보고 다음날 할 수 있다면 양해를 구하고 퇴근해도 되지만, 지시가 급한 경우에는 좀 더 자진하여 처리하도록 한다.

상사의 갑작스런 지시에 대해 '오늘은 미리부터 결정해 놓은 약속이 있기 때문에 할 수 없습니다.' 라고 딱 잘라 거부하는 직원도 있다. 그러나 결코 바람직한 행동은 아니라고 본다. 부서 전체가 업무에 바빠 납기 내에 끝내려고 노력을 기울이고 있고, 상사의 지시도 그런 맥락에서 나온 급한 지시라면 약속을 변경할 수 있다는 마음 자세가 필요하다.

회사의 모든 업무는 팀워크로 이루어지고 있다. 따라서 이러한 돌발적인 상황에 대비하여 상대방과의 연락 방법을 정해 놓고, 큰 무리가 없다면 약속을 변경 또는 조정할 수 있는 여유와 준비가 필요하다.

따라서 미리 선약이 있고 후에 업무 지시를 받았다면 우선 주어진 업무의 내용과 소요 시간을 파악해 본 후, 장시간을 요하는 것일 경우에는 상사에게 솔직하게 선약이 있다는 것을 말하고 추후 재지시를 받는 것이 좋다. 혼자 전전긍긍하고 애태우기보다는 합리적으로 해결할 수 있는 방법을 찾아야 한다.

회사에는 출근 시간이 정해져 있듯이 퇴근 시간도 정해져 있다. 근무 시간 동안 맡은 업무를 충실히 수행하고, 퇴근 시간 이후에는 자유로운 시간을 갖도록 한다.

퇴근 시간이 되면 본인이 맡은 업무에 완벽을 기하고 정리 · 정돈을 하여 책상을 깨끗이 정리한 다음, 이튿날 업무에 차질이 없도록 미리 준비해 놓은 후에 상사나 동료의 눈치를 볼 필요 없이 자신 있게 퇴근할 수 있도록 해야 한다. 간혹 일부 직원들이 상사가 퇴근하지 않고 있으니까 자신들도 퇴근하지 못한다고들 하는데 이것은 업무나 준비에 스스로 자신감이 없기 때문이다.

모든 일에 자신감 있는 직원은 남의 눈치를 살피지 않는다. 그러나 조직이란 팀워크로 이루어지고 있기 때문에 부서 전체가 바쁘다거나 동료직원이 업무가 너무 많아 힘들어 하고 있을 때, 도와줄 수 있는 일이라면 동료애를 발휘하여 협조하는 아량도 갖추도록 한다. 특별한 약속이 없을 경우, 직무가 완전히 다른 것이어서 도와주기 어려우면 몰라도 그렇지 않다면 한 번쯤 '도와드릴 일이 없겠습니까?' 라고 물어보아 도울 수 있도록 한다.

직장에서 호칭 사용을 잘한다

07

① 직장에서 호칭 사용

상사에 대한 호칭은 연령 고하를 막론하고 상응한 예우를 다해 불러야 한다. 따라서 상사를 직접 대할 경우에는 '사장님' '전무 님' '부장님' 등으로 부르는 것이 좋으며, 나이가 훨씬 적거나 입 사 후배지만 상사인 경우는 공석에서 깍듯이 예우하는 것이 당연 하다.

그러나 상사보다 나이가 훨씬 많거나 친족관계에서 윗계층일 경우 및 외부 인사 등에게 자신의 상사를 말할 때는 반드시 '님' 자를 빼고 저희 'ㅇ 사장께서' 'ㅇ 전무께서'라고 호칭해야 한다. 뿐만 아니라 대화하고 있는 상사보다 직급이 낮은 상사를 지칭할 때에도 'ㅇ 상무가…' 'ㅇ 부장이…' 등으로 '님' 자를 빼고 존경 어를 사용하지 말아야 한다.

한편, 부장이나 과장 등의 '장長' 자에는 이미 경의가 담겨 있으므로 제3자끼리 이야기할 때는 '저희 부장' '우리 과장'이라고 지칭하고, 본인을 직접 상대할 때에는 '부장님' '과장님'이라고 호칭해야 한다.

② 연장자에 대한 호칭

직장은 많은 직원들이 모여 생활하는 조직체이므로 이런 경우가 흔히 발생한다. 비록 연장자이거나 학교 선배이지만 개인 사정으로 인해 직장에 늦게 들어온 경우, 직장에는 조직으로서의 질서가 있으므로 직장 선후배관계가 성립된다.

비록 갓 들어온 직원이 기존에 근무하고 있는 직원보다 나이가 많더라도 후배직원인 만큼 다른 후배직원처럼 대하면 된다. 나이가 많다고 특별히 관심을 가진다거나, 대하는 데 있어 어려워한다면 본인에게 오히려 부담만 가중시킬 수 있다. 따라서 우리는 직장에서 흔히 쓰는 'ㅇㅇㅇ 씨'라고 부르는 것이 가장 무난하며, 공과 사를 적절히 구분하여 서로 예의를 지켜 처신하면 된다.

③ 여직원에 대한 호칭

직장은 여러 계층의 사람이 모여서 일하는 장소이다. 따라서 상대방의 인격을 존중한다는 자세로 대화하는 것이 바람직하다. 대체로 여직원의 호칭은 몇 가지로 구분되는데, '○○ 양' 또는 '미스 ○'이라고 호칭하기보다는 '○○○ 씨'로 성과 이름을 함께 부르는 것이 바람직하다. 또한 기혼 여성에게도 '미세스 ○'보다는 역시 '○○○ 씨'라고 부르는 것이 좋다.

여직원끼리의 호칭은 상대가 동료 또는 후배일 경우에는 '○○○ 씨'라고 부르고, 상대가 선배일 경우에는 '선배님'이라고 부르는 것이 직장에서는 가장 무난하다. 선배를 '언니'라고 부르는 직원도 많은데, 사적으로 만날 때는 무방하지만 여러 계층이 함께 일하는 조직인 직장에서는 바람직한 호칭은 아니라고 본다.

08 ## 거래처의 대응을 잘한다

::
::

① 거래처에 대한 대응

회사와 거래처는 함께 공존하며 성장해 가는 공존공영의 관계에 있다. 따라서 회사는 모든 거래처에 대하여 적정 이익과 지속적인 거래관계를 보장하며, 항상 신의와 성실을 바탕으로 공정하고 공평하게 대해야 한다.

이는 구매자이건 판매자이건 또는 다른 입장에 있건 간에 변함이 없어야 한다. 특정 거래처에 대하여 계약 조건을 우대해서는 안 되며, 계약 조건의 변경이 필요한 경우에는 정해진 절차에 따라서 진행해야 한다.

거래처를 선정할 때도 모든 조건을 공평하게 고려해야 한다. 거래에 직접적으로 영향을 미치는 입장에 있건 없건 간에, 고객이나 거래처에 대하여 어떤 영향력을 미치고 있는 듯한 인상을 주는 일은 피해야 한다. 어떤 거래처에 대해서도 신의를 갖고 성실한 태도로 대하고, 거래처가 회사의 코치나 행동을 오해하고 있는 경우에는 반드시 오해를 풀어주어야 한다. 보다 공정하고 정직한 행동으로 서로 신뢰할 수 있는 좋은 거래관계를 유지해야 한다.

거래처를 대할 때는 회사의 규모를 따져 과시하거나 강압적인 태도를 보여서는 안 된다. 항상 겸손하고 분별 있는 태도를 취해야 한다. 또한 거래처로부터 어떠한 명목으로도 금품 수수 등의 행위를 해서는 안 된다.

기업에는 거래처에서 많은 직원이 방문한다. 이럴 경우 방문자가 원하는 사람이 있으면 문제가 안 되는데 공교롭게도 없을 경우가 있다. 물론 회사를 방문할 때는 사전에 약속하여 차질이 없도록 해야 하나 그렇지 못할 경우도 있기 때문이다.

거래처에 방문 시 방문자와 지위가 같은 상급자가 없을 때는 일단 상급자의 부재에 대한 양해를 구하고 먼저 어떤 용건인지, 기다려도 되는지, 차하위 직급의 사람을 만나도 되겠는지 등에 대해 문의해 보는 것이 좋다. 상관없다면 찾아온 용건과 관련되는 담당자를 소개해 주면 된다.

꼭 그 상급자를 만나겠다면 상급자의 시간 계획 등을 말하여 기다릴 수 있도록 하고, 무료한 시간을 보내지 않도록 차나 음료수를 대접하거나 신문이나 사보 등을 제공하도록 한다. 만약 다음에 다시 찾아오겠다고 하면 메모를 해두고 차후 방문 예정 시간 등을 알아둔 후 전달해 주면 된다.

② 거래처 불만 시 대응

거래처를 비롯한 모든 고객은 회사의 중요한 무형의 자산이라고 해도 과언이 아니다. 고객은 현명하다. 오늘의 고객이 반드시 내일의 고객으로 연결될 수만은 없기 때문에 기존의 신용만을 믿고 고정 거래처를 멸시하거나 방치해서는 안 된다. 따라서 모든 거래처 및 고객의 요구 사항을 수시로 파악하고, 또 이를 해결해 줄 수 있는 적극적인 노력이 필요하다. 고객의 불만도 마찬가지이다. 고객의 불만은 개선점의 제공이며 아이디어의 원천이라고 생각하도록 한다.

거래처와 고객의 불만은 아무리 사소한 것이라도 진지하게 검토하고 그 원인을 분석하여 신속하게 해결하도록 한다. 고객 불만의 신속한 처리는 제2거래의 시작이기 때문이다. 거래처나 고객의 불만을 묵살한다든지 성의 없이 처리하는 것은 더 많은 고객을 잃게 하고, 불만 요인을 사전에 방지할 기회를 놓친다는 점을 명심해야 한다.

그리고 거래처와 고객의 불만은 수습에만 그쳐서는 안 된다. 고객의 불만 사항을 반드시 사내에 보고하고 관련 부서에 통보하여 개선하도록 해야 하며 그 처리 결과를 반드시 확인해야 한다. 거래처나 고객의 불만을 듣기 전에, 먼저 이들의 불만을 파악하여 해결하려고 하는 적극적인 자세가 중요하다.

③ 거래처 방문 시의 대응

거래처를 방문할 때는 사전에 전화를 걸어서 면담 약속을 하고, 약속 시간을 정한다. 그리고 상대방 사정에 맞추도록 노력해야 한다.

거래처 방문을 위한 출발에 앞서 명함 등의 소지품을 다시 한 번 챙겨보아야 하며, 약속 시간 전에 도착하도록 해야 한다. 거래처를 방문할 때는 단정하게 정장을 입도록 하며, 소지품이나 복장 중에서 방문하는 거래처의 경쟁사 제품이 있을 때에는 가능하면 다른 사람에게 빌려서라도 바꿔가는 게 예의라고 할 수 있다.

거래처에 도착하면 사람을 만나기 전에 화장실에 들러 용모를 단정히 하도록 한다. 상담 중에는 예의바른 자세로 신뢰감과 품위를 느낄 수 있도록 행동해야 하며, 의자에 깊이 기대어 앉는 것은 좋지 않다. 상담 중에 시계를 자주 들여다봄으로써 상대방에게 불쾌감이나 불안감을 주는 일이 없도록 해야 한다.

자기관리가 철저한 직장인

05

01 인간관계를 잘한다

직장 상사가 말하는 것은 반론이 아닌 질문이라고 생각한다. 흔히, 부하직원들은 상사의 질문을 반론이라고 생각하기 때문에 상사를 설득하지 못하는 것이다. 질문에는 대답만으로도 충분하며 무엇보다 상사를 설득하여 움직이게 하는 것이 중요하다.

우리 사회는 인간관계로 구성된다. 이러한 인간관계는 크게 나누어 다음 3가지로 분류된다.

- 숙명적 인간관계 : 부모·형제·친척 등 숙명적으로 이루어져 평생 변하지 않는 관계를 말한다.
- 선택적 인간관계 : 클라스메이트·친구·애인 등 자신이 원하는 대로 선택할 수 있다.
- 우연적 인간관계 : 직장 등에서 조직 계층과 권한이나 책임 등에 의해 복잡한 관계가 발생하며, 각자 노력하지 않으면

좋은 관계를 유지할 수 없다.

그러므로 무엇보다 직장에서 좋은 인간관계를 유지하기 위해서는 우선 인간에 대해 깊이 이해할 수 있어야 한다.

- 인정받고 싶은 마음 : 조직 계층이 있기는 하지만 인간의 존엄성을 무시당하고 싶어하지 않는다. 자신의 중요성, 능력, 재능을 인정받고 싶어한다.
- 기회를 잡고 싶은 마음 : 승진, 연수 등의 기회가 주어지는 업무를 하고 싶어한다.
- 안정을 추구하는 마음 : 안심하고 일을 하고 싶어한다. 상사나 부하, 동료와의 관계가 안정되기를 바라며 신분, 수입, 직장도 안정되길 바란다.
- 공평을 추구하는 마음 : 차별이나 불평등은 원치 않는다.
- 귀속을 바라는 마음 : 사회적으로 알려진 회사의 일원으로서 협력하고 공헌하고 싶어한다.

예로 일본 사회학자 A.H. 마즈로는 '인간은 끊임없는 욕구를 가지고 있다. 그리고 그것을 만족시키기 위해 노력하는 동물이다.' 라고 하면서 인간 욕구를 다음 5단계로 분류했다.

- 1단계 : **생리적 욕구** ⇒ 식욕, 성욕, 수면, 포유 등의 본능적 욕구
- 2단계 : **안전 욕구** ⇒ 육체, 정신의 안전에 대한 안정 욕구
- 3단계 : **사회적 욕구** ⇒ 참여 욕구, 애정, 우정에 대한 욕구

- 4단계 : **자아에 대한 욕구** ⇒ 자기 가치, 존재를 바르게 평가받고 싶어하는 욕구, 칭찬이나 존경받고 싶어하는 욕구가 이에 속한다.
- 5단계 : **자기 실현 욕구** ⇒ 업무 완수, 희망 달성 등의 자기 성장 욕구

 # 신뢰관계를 쌓는다

02

① 인사는 상대의 마음을 사로잡는다

인사는 상대방과의 심리적인 유대를 쌓는 매우 좋은 방법이다. 항상 밝고 명랑한 목소리로 인사하여 상대방의 마음을 움직이도록 한다. 그리고 상대로부터 인사를 받으면 반드시 답례하는 것을 잊지 않는다. 상대방보다 먼저 인사하고 호의를 보여야 신뢰받을 수 있다.

② 인사하는 방법을 숙달한다

- 따뜻한 마음으로 호의를 가지고 부드럽게 인사한다.
- 한 마디라도 소홀히 하지 않는다. 인간관계의 기초는 말에서부터 시작된다. 심리적인 연대감을 구축시켜주는 것은 바로 한 마디의 인간적인 말이다.

- 상대방에게 먼저 적극적으로 말을 건다. 호의는 먼저 보여야 만 그 진가가 발휘된다.
- 주변 사람에 대한 인사를 생활화한다. 좋은 인간관계를 넓혀 나가는 데 도움이 될 것이다.

③ 상대방을 이해한다

- 사람은 각양 각색으로 개인차가 많다. 그러므로 사람을 대할 때 선입관을 가지지 않고 각각을 잘 이해하도록 한다. 민주적 인 인간관계는 올바른 상호 이해에 의해 이루어진다는 사실 을 명심한다.
- 상대방의 생각이나, 신조, 특기, 흥미, 문제점, 기호 등을 파 악한다.
- 장점에 대해서는 많이 칭찬해 주고 가급적 상대방의 흠을 잡 지 않는다.

④ 상대방에게 관심을 나타낸다

누구든지 자신에게 관심을 보이는 사람에 대해서는 깊은 관심 을 가지게 된다. 상대방의 마음을 사로잡는 지름길은 대화할 때 그 사람의 최고 관심사를 주제로 삼는 일이다. 주변 사람에게 눈 을 돌리고 마음을 써서 도와주면서 관심을 나타낸다. 세상에서 가장 마음을 즐겁게 하는 것은 생각지도 않았던 사람으로부터 받게 되는 친절이라고 한다.

⑤ 격려와 도움을 아끼지 않는다

- 불평을 하기보다는 격려와 칭찬을 해주면서 도와주는 게 매사 성실하게 처리할 수 있는 방법이다. 그럼으로써 상호 간 기분도 좋아지고 업무 성과도 향상된다.
- 상대방이 곤경에 빠졌을 때 자진해서 도와주도록 한다. 도움을 받은 사람은 언제든 반드시 갚게 될 것이다. 조직 내에서의 활동 또한 상호 간의 협력을 통해서 성과를 올릴 수 있다.

⑤ 이것이 인간관계를 저해하는 요인이다

- 약속에 대해 무책임하고 일방적으로 약속을 깬다.
- 자기본위로 상대방을 도구로 이용한다.
- 무법자처럼 규칙을 지키지 않는다.
- 사람을 얕잡아보고 업신여긴다.
- 쉽게 거짓말을 한다.
- 험담이나 악담, 고자질을 잘한다.
- 청결하지 못하고 무신경하며 뻔뻔스럽다.
- 상대방의 말이나 행동에 빈정거린다.

- 상대방의 말꼬리를 잡고 트집을 잡는다.
- 다른 사람의 물건을 마음대로 사용하고 돌려주지 않는다.

그리고 원활한 업무 진행을 위해서는 자신이 맡은 프로젝트의 핵심직원이나 상사와의 원활한 인간관계가 이루어져야 한다.

- 상사를 치켜세워준다. 인간적으로는 마음에 들지 않는 상사라 할지라도 업무와 연관된 부분에 있어서는 그의 의견이나 입장을 높이 평가해 준다.
- 상사의 일에는 자진해서 협력한다. 상사가 말하기 전에 좋은 방안을 제시하거나 실행에 옮긴다.
- 미리 상사의 성격을 파악해 두어 그를 위해 배려해 준다. 상사의 입장을 이해하고 자진해서 협력, 보좌한다. 일을 진행할 때 상사의 페이스를 맞춘다.
- 상사에게 조언과 충고를 구하고 진심으로 받아들인다. 상사의 조언을 겸허한 자세로 받아들여 반성하고 자기 계발의 계기로 삼는다.
- 상사와 이야기할 기회를 많이 갖는다. 공적인 모임 외에 사적인 모임에도 자진해서 참석하려고 노력한다.
- 상사에게는 지나치지 않은 범위 내에서 적당한 아부를 할 필요가 있다. 때에 따라서는 허물없이 대하는 것도 좋지만 그럴

때에도 항상 상사의 권위를 잊어서는 안 된다.

- 상사에 대한 험담을 하지 않는다. 자기가 알고 있는 상사의 약점이나 결점을 다른 직원이나 주변 사람들에게 이야기하지 않는다. 세상에 비밀은 없어 언젠가는 상사에게 자신이 얘기했던 것이 들통나게 되어 있다.
- 공적인 일과 사적인 일의 구별을 확실히 한다. 설령 개인적으로 절친한 관계라도 직장 상사의 대우는 깍듯이 해야 한다.
- 상사와의 약속이나 비밀 사항은 반드시 지키도록 한다. 회사 업무를 추진하다 보면 각 부서의 이해관계가 서로 얽혀 언성을 높이거나 언짢은 기분을 유발시키는 경우가 있다. 무엇보다도 서로 회사의 이익을 위해 열심히 일하다 보니 이런 경우가 생길 수 있다고 생각되지만 도가 지나치면 곤란하다. 부서 간 지나친 경쟁으로 인해 상사들끼리 불편한 관계가 되며, 그 여파가 각 부서의 팀원들 모두에게 영향을 주어 서로 갈등하게 되고 업무 협조에 있어서도 어려워질 수 있다.

따라서 부서 간의 지나친 경쟁으로 인하여 이기주의가 만연되거나 부서 간의 의사소통 및 협조관계가 방해되어 인간관계를 악화시켜서는 곤란하다. 만약 부서 간의 사소한 문제로 인하여 상사들 간의 사이가 좋지 않다고 느낄 경우가 있더라도 부하직원들은 이런 분위기에 휩싸여서는 안 된다. 오히려 부서장들이 쉽게 화해를 할 수 있도록 부하직원들끼리 더 협조하고 문제점을 해결하여 이해할 수 있는 방향으로 일을 추진한다면, 상사들 역시 회사를 위하는 마음에서 생겼던 감정이었기 때문에 빨리 풀어질 수 있다. 오히려 업무 협조가 잘 되는 부서로, 다른 부서의 부러움을 살 수도 있을 것이다.

부서 간의 업무 협조에 있어서도 회사 차원의 균형 감각을 바탕으로 서로에 대해 충분히 이해하고, 성실하고 적극적인 자세로 임한다면 추진 과정에서 생기는 사소한 문제는 오히려 전화위복이 될 수 있다. 따라서 개인보다는 부서를, 부서보다는 회사를 우선하여 생각하면서 일을 처리하도록 한다.

또한 젊은 후배직원의 능력과 의욕은 선배직원의 태도에 큰 영향을 받는다. 업무 파트너로서 후배와의 인간관계가 삐걱거리면 업무가 원활히 진행되지 않는다.

① 후배와 좋은 인간관계를 맺는다

- 후배의 입장과 기분을 잘 이해하고 맞춰준다.
- 자주 후배의 노고를 위로해 주고 실패했을 때는 용기를 잃지 않도록 격려해 준다.

- 업무는 엄격하면서도 친절하게 가르쳐준다.
- 선배로서 권위적 입장에 서지 않는다. 업무를 같이하는 동료로 대한다.
- 험담을 하지 않는다. 주의 줄 때는 정면에서 이야기하고 비꼬거나 빈정대는 일이 없도록 한다.
- 화 나는 일이 있어도 후배에게 감정적으로 대해서는 안 된다.
- 후배의 약점이나 결점을 여러 사람 앞에서 폭로하지 않는다.

② 선배나 상사들이 해서는 안 될 말

- 내 말대로 해!
- 내 체면 좀 세워줘라 !
- 내 말은 절대 틀리지 않아.
- 그런 약속을 했어?
- 자네도 많이 좋아졌어.
- 자네는 수준이 낮아.
- 마음대로 해! 나는 몰라.
- 음…… 불평을 해. 잠자코 있어!
- 00 같은 우등생 티를 내는 놈은 싫어!
- 이 정도로 이야기했는데…….
- 그건 아직 시기 상조야.

- 모두 믿을 수 없는 놈들뿐이야!
- 노는 건 1등이면서 일은 제대로 못하는군.
- 잠시 빌려주겠어?
- 그건 안 돼, 안해도 다 알아 등등.

그리고 프로사원의 중요한 업무 중 하나가 바로 후배직원과 새내기직원을 지도 · 육성하는 일이다. 새내기직원을 빠른 시일 내에 직장에 적응시켜 올바른 업무 지식을 습득하게 하고 직장에 전력을 기울일 수 있도록 배려해 준다. 그리고 후배직원이 매너리즘에 빠지지 않고 경영 환경 변화에 빠르게 대처함으로써 의욕적으로 업무에 임할 수 있도록 지도한다.

① 지도 시기를 고려한다

- 후배가 업무에 관련된 질문을 해왔을 때 가르쳐준다. 그리고 업무상 실수를 저질렀다거나 문제 해결 시 트러블이 발생했을 때 지도해 준다.
- 새로운 업무나 중요한 업무, 어려운 업무를 하려고 할 때 가르쳐준다.
- 방침, 법규, 규칙, 규정 등이 변경되었을 때 새내기사원이나 후배직원이 조속히 알 수 있도록 전달해 준다.

- 예정보다 늦어지거나 업무 진행상 곤란한 일이 생겼을 때 지도해 준다. 그리고 업무가 일단락되었을 때 결과에 대한 평가와 함께 신규 프로젝트에 대해 설명한다.
- 과제 연구나 모임을 할 때 지도해 준다.

② 개별 지도 시 유의할 점
- '가르친다.'고 하는 경직된 태도나 훈계는 금물이다. 친절하고 편안하게 가르쳐준다.
- 솔선수범한다. 무슨 일이든 상사가 먼저 솔선해서 실행해 보이고 나서 가르친다.
- 후배의 장단점을 잘 파악하여 장점은 신장시키도록 하고 결점에 대해서는 비판하지 않는다.

③ 개별 지도 단계
- 제1단계 : 배울 준비를 하도록 해준다.
  - 긴장을 풀고 마음을 편안하게 해준다.
  - 업무 목적이나 중요성에 대해 이야기하고 흥미와 의욕을 불어넣어준다.
  - 필요한 자료와 용구를 준비해 준다.

- 제2단계 : 시행해 보여준다.
  - 본인을 올바른 위치에 놓아준다.
  - 업무 절차를 친절하게 설명하고 직접 시행해 보인다.
  - 대충 보여주고 전체를 파악하게 한다.
  - 본인의 표정, 태도를 보고 스스로 잘못된 점을 지적하게 한다. 단, 한꺼번에 너무 많은 것을 가르치지 않는다.
  - 질문을 시키고 납득할 때까지 설명한다.

- 제3단계 : 시켜본다.
  - 본인이 직접 해보도록 한다.
  - 잘한 점은 칭찬해 주고 잘못된 점은 고쳐준다.
  - 요점에 대해 질문하고 설명해 보도록 하여 이해도를 확인한다.
  - 본인이 익숙해질 때까지 몇 번이고 반복하게 한다.

- 제4단계 : 가르치고 난 후의 과정을 지켜본다.
  - 업무 분담을 결정한다.
  - 잘 모를 경우에는 능숙한 사람을 파트너로 정해 주고 질문하게 한다.
  - 업무 진행 상황을 보고 지도 횟수를 줄여 나간다.

또한 조직은 분업과 분담을 통해 목적을 달성하지만 각자 제각기 움직인다면 효과를 기대할 수 없다. 조직 활동의 포인트는 첫째로 공동 목표를 잘 이해하며 둘째, 원활한 의사소통을 위해 노력하고 셋째, 협동심을 가지고 철저한 팀플레이를 해야 한다. 이것이 효과적으로 이루어질 때 비로소 조직의 목적이 달성된다.

① 조직 팀워크를 발휘하기 위한 조건

- 집단 목표의 명확화
- 역할 분담과 책임의 명확화 : 전체와 개별 목표를 명확화하여 책임 권한을 자각한다.
- 공동 의식 강화 : 일의 성과는 팀의 협력에 의해 얻어진다. 개인보다는 집단의 이익을 우선시한다.
- 집단 결정의 활용 : 업무나 과제를 결정할 때는 전원이 참가하여 집단의 지혜를 활용한다.
- 집단 귀속 의식의 증가 : 좋은 전통·문화·조직 풍토를 육성하고 각자의 자긍심을 높인다.
- 활발한 커뮤니케이션과 화합 분위기 조성 : 자유로운 분위기에서 거리낌 없이 이야기한다.

② 팀워크로 얻을 수 있는 기대 효과

- 목표 매력 : 목표 달성을 위해 협력함으로써 일에 대한 만족도를 극대화할 수 있다.
- 활동 매력 : 역할 분담과 책임, 권한이 명확하고 적성에 맞는 일을 진행할 수 있어 보람을 느낄 수 있는 확률이 높다.
- 동료 매력 : 인간관계가 좋아지고 서로에 대한 이해가 깊어지고 마음이 맞는다.
- 지위 매력 : 올바른 평가와 승진이 따른다.
- 소속 매력 : 사회적 평가가 높은 팀의 멤버라는 자부심이 생긴다.

간부들의
직원 지도 요령

03

새내기직원을 받아들이는 방법의 좋고 나쁨에 따라 그 후 새내기직원의 소속감과 업무 성과가 크게 달라진다. 새내기직원에 대해 다음과 같은 태도나 생각을 갖게 되면 결국 그들의 일에 관한 효율을 떨어뜨리는 결과를 낳게 된다.

- 아무것도 모르는 놈이다.
- 무엇을 해야 될지도 모르고 갈팡질팡한다. 그래서 귀찮은 존재로 취급한다.
- 하기 싫은 업무나 잡일을 시켜도 된다.
- 일일이 작은 것까지 지시해 주어야 한다.
- 선배 티를 낸다.
- 개인적인 일을 시켜도 된다.
- 무시해도 된다.

① 새내기직원을 대할 때는 이런 점에 유의한다

- 새내기직원은 업무 진행에 좋은 파트너이다. 그러므로 어떤 경우든 그를 하급자로 취급하지 말고 공평하게 대해 준다.
- 장래 기업을 짊어질 인재이다. 빨리 육성하여 그 역할을 다하게 한다.
- 직장 분위기를 젊고 밝게 만드는 존재라고 생각한다.
- 그들의 입장을 잘 이해하고 친절하게 지도한다.
- 업무 분담을 확실히 주지시키고 업무에 대한 책임을 자각시킨다.
- 업무에 익숙해졌는지, 아니면 곤란을 겪고 있는지 수시로 관찰한다.
- 휴식 시간이나 퇴근 후 사적인 자리를 마련해서 이야기를 나눈다.
- 일상의 태도나 표정을 주의깊게 관찰하고 허물없이 무엇이든 상담해 오도록 격려해 준다.

② 새내기직원을 대하는 방법과 가르치는 방법

- 받아들일 준비를 한다. 주변을 정리하고 본인의 약력을 파악해 놓는다. 업무 분담 자료, 용구 등을 준비한다.
- 반갑게 맞아준다. 웃는 얼굴로 반갑게 맞아주면서 환영의 말과 기대를 이야기한다.

- 관심을 나타낸다. 본인의 흥미, 관심사, 신변에 관해 이야기한다. 상대방이 알고 싶어하는 것을 파악해서 친절하게 알려준다.
- 업무 내용을 설명한다. 직무에 대한 설명과 그 중요성을 강조하고 전체 업무와의 연관성을 이야기해 준다. 더불어 규율, 주의 사항에 대해서도 충분히 설명한다.
- 관계부서에 안내한다. 관계부서나 관계자에게 안내해 소개한다. 본인의 직무 이외에 취미나 특기 등에 대해서도 직원들에게 소개해 친근감을 갖게 해준다.
- 지도 담당자를 결정한다. 가르치는 기술이 있고 성품이 좋은 사람을 선정해 업무 수행 기준과 실시 훈련을 맡긴다.
- 보충 지도를 해준다. 진행 정도를 확인해서 정확하게 할 수 있을 때까지 가르친다. 개인 면담과 상담을 통해 격려해 준다.

사람 소개와
명함 전달을 잘한다
04

① 올바른 소개 요령

직장에서 사람을 소개할 때는 그 사람의 특기·특징을 담아 소
개하는 것이 좋다. 왜냐하면 상대방에게 강한 인상을 주고 소개 효
과도 커질 수 있기 때문이다. 그러나 아무리 인상을 좋게 하는 경
우라도 지나치게 과장된 소개는 오히려 본인에게 불쾌감을 주므로
실례가 된다. 그리고 간혹 사람에 따라서는 한쪽만 칭찬하는 사람
도 있는데 한쪽의 체면을 깎는 듯한 소개는 하지 않는 것이 좋다.

몇 가지 소개 요령을 살펴보면 다음과 같다.

소개 순서는 지위가 낮은 사람을 높은 사람에게, 연소자를 연장
자에게 먼저 소개한다. 지위나 연령이 같을 경우에는 자신과 친한
사람을 먼저 상대방에게 소개하도록 하며, 남성을 여성에게 먼저
소개한 다음에 여성을 남성에게 소개한다. 새로 그룹에 참가하는

사람이 있을 때는 신참자를 우선 전원에게 소개한 후 부서 팀원들을 한 사람씩 소개한다. 부서 중에서는 특별히 지위가 높은 사람부터 소개하고 이어서 좌우 어느 쪽부터 소개해도 된다.

소개를 통해서 지금까지 알지 못하던 사람들과 친해지고 서로 얘기를 나눌 기회가 생기는 것이므로, 소개자는 공통의 화제를 찾아 대화의 실마리를 엮어 나가도록 해결하는 것이 중요하다.

② 명함 주고받을 때의 매너

명함을 주고받을 때도 지켜야 할 예의가 있다. 처음 만났을 때 첫인상이 중요하듯이, 명함은 후에 상대방을 기억하게 하는 중요한 역할을 하게 되므로 교환하는 데도 신경을 써야 한다.

명함을 주고받는 적절한 요령을 몇 가지 소개하면 다음과 같다.

- 명함은 원칙적으로 아랫사람이 먼저 내고 그리고 나서 윗사람의 명함을 받는 것이 순서이다.
- 명함을 줄 때 오른손으로 상대방이 보기 쉽도록 내민다.
- 명함을 주고받을 때는 공손하게 두 손을 사용하는데, 왼손으로 오른손을 받쳐 들고 오른손으로 주고받는 것이 공손한 명함의 주고받기이다.
- 명함을 받고 상대방의 이름을 그 자리에서 외우도록 한다. 상대방 이름의 한자가 어려울 때는 상대방에게 직접 물어보도록 한다.

- 명함을 교환한 후, 상담 중에 되도록 상대방의 이름을 불러보면서 친근감을 갖도록 노력하는 것이 중요하다.
- 구겨지거나 때가 묻은 명함을 사용하지 않도록 한다.
- 명함은 항상 10~20매쯤 새 것으로 갖고 다니도록 한다. 받은 명함은 그날 중으로 3W(When, What, Where) 정보를 명함 여백에 쓰고 명함 보관 케이스에 정리해 두면 이후에 많은 도움이 된다.
- 명함을 받자마자 보지도 않고 바로 호주머니에 집어넣지 않도록 한다.
- 상대방이 명함을 내밀 때 딴전을 피워 얼른 받아들지 않는 것은 금물이다.
- 계단을 오르내리며, 식사 중인 식탁에 다가가서, 또는 다른 사람과 이야기하고 있는 사람에게는 명함을 내밀지 않도록 한다.
- 상대방 명함을 손에 쥔 채로 만지작거리거나, 접거나, 탁자를 톡톡 치는 일은 상대방에게 큰 실례가 된다.

커뮤니케이션을 잘한다

05

상사의 지시 명령

상사로부터의 지시나 전달 사항은 정확하고 분명하게 접수한 다음 실행에 옮겨야 한다. 우수한 프로사원이라면 상사로부터 업무에 대해 지시를 받았을 때 중요한 일, 긴급한 일, 어려운 일, 처리가 곤란하다고 판단되는 일 등을 잘 구별하여 그에 따른 처리를 한다.

상사 입장에서는 흔히 간략화 시켜 핵심 포인트만 지시하는 경우가 많다. 따라서 상사의 지시를 받을 때는 세심한 주의가 필요하다. 대체로 우수한 프로사원들은 다음과 같은 요소를 숙지하여 명령을 실행하고 있다.

한 가지를 들으면 열 가지를 알고, 보다 적극적으로 일하며 상사가 지시하기 전에 착안하여 처리한다. 또한 항상 상사로부터 지시

받을 자세를 갖추고 있으며 상사가 기대하는 이상의 결과를 낸다.

이와 같이 베테랑 직원으로 자신의 역량을 발휘하기 위해서는 직장 내에서 현재 자신이 놓여 있는 입장과 상황을 보다 잘 알고 있어야 한다. 또한, 상사의 업무 수행에 관한 견해와 일의 추진 방법 등을 항상 파악해 두고 언제 어떠한 경우라도 일단 지시를 받으면 지체 없이 효율적으로 처리할 수 있는 마음가짐이 필요하다. 상사들은 흔히 업무에 대한 지시를 내리는 경우 부하 직원이 충분히 숙지할 수 있을 만큼 여유있게 시간을 주는 게 아니다.

① 지시를 받았을 때
- 지시 명령의 본뜻을 신속하고 정확하게 접수한다.
- 세 가지 이상의 아이디어를 찾는다.
- 상사가 기대하는 것 이상의 답안을 만든다.

② 개략적인 내용만을 지시했을 경우
- 일일이 꼬치꼬치 묻지 않는다.
- 자기 스스로가 연구하고 공부한다.
- 구체적으로 계획을 세워 최상의 답안을 만든다.

③ 상사의 지시 없이 자진하여 일을 찾아서 할 경우

- 평상시 목표의식, 문제의식을 갖는다.
- 창의력을 발휘하여 일을 한다.
- 지시받기 전에 먼저 제안하고 실행에 옮긴다.

보고하는 방법

지시받은 일이 완료되었을 때, 상황이 갑자기 변했을 때, 예정보다 업무 처리 시간이 길어질 때, 새롭게 상담이나 지시를 받고자 할 때, 장시간에 걸친 업무 수행 도중 진행을 보고해야 할 때는 상사에게 신속히 보고한다.

대체로 상사들은 업무 보고가 없을 때는 '아직 일이 완료되지 않았구나.'라고 생각한다. 일의 성과를 묻는 보고는 최대한 신속하고 요령 있게 해야 한다. 독촉받는 보고 자세는 낙제이다.

- 모든 보고는 지시한 상사에게 지시받은 본인이 직접 하도록 한다. 특히, 비밀 사항은 명령자를 확인하여 적절한 장소와 방법을 선택하여 보고한다.
- 보고 사항은 요약, 선별하여 정확하게 보고한다.
  객관적인 사실을 실증적으로 보고한다. 주관적인 의견이나 억측이 개입되면 상사의 상황 판단이 어려워진다는 점에 유의한다.

- 먼저 결론부터 보고하고, 다음에 그 이유를 설명한다. 그러고 나서 시간적인 여유를 보고 경과를 간략하게 보고한다.
- 목적에 따라 보고의 원칙을 확립하여 구두 보고·문서 보고·또는 집회(회의 보고)·시청각 기재 등으로 보고한다.

어느 회사를 막론하고 보고·연락·상담이 잘 이루어지는 회사가 강한 회사로 발전할 수 있다.

화술에 능숙한 사람

커뮤니케이션은 인류의 영원한 과제라고 말한다. 오늘날의 정치·경제·사회·문화 등과 관련해 일어나는 모든 문제는 커뮤니케이션의 공백에서부터 비롯된다고 해도 과언이 아니다. 문제 발생을 줄이고 발생한 문제를 원만히 해결하기 위해 올바른 커뮤니케이션 기술을 숙달할 필요가 있다.

① 자신의 의견을 정확하게 전달한다
- 자기 자신의 의사를 바르게 표현한다.
- 표현 수단에는 대화·문서·면접·면담·시청각·집회·회의 등이 있으며 각각 적절한 매체를 통하여 행한다.
- 자신을 가장 효과적으로 표현하기 위해 자신의 자원(자산)을 연마하도록 한다. 자신을 연마하기 위해서는 가장 먼저 '자기확립'이 이루어져야 한다.

② 상대방 의견을 정확하게 수신하는 능력

- 선입견이나 색안경을 쓰고 판단하지 않는다. 듣거나 본 그대로를 기록해 두고 정확한 판단과 함께 바르게 실행해야 한다.
- 세상에는 가짜와 진짜가 존재하게 된다. 그러나 마음이 청결하면 그 본질을 정확히 간파할 수 있다. 보다 중요한 것은 자기 자신의 견해를 올바르게 전달하고 그와 함께 상대방의 이야기를 겸허한 자세로 받아들이는 것이다.

③ 화술력 · 대화력을 향상시키기 위한 방법

- 대화의 목적과 내용을 확실히 하여 보다 생산적인 대화를 한다.
- 상대방의 관심과 흥미를 자극할 수 있는 화제로 시작하여 상대방의 반응을 예측하면서 대화한다.
- 예정 시간 · 장소 · 기회에 신경 쓰면서 대화한다.
- 상대방의 입장 · 의견 · 요망(희망) 등을 잘 이해하고 존중해 준다.
- 밝고 즐겁게 미소 짓는 얼굴로 유머 있게 말한다.

화술력을 높이는 방법

'대화(말)에도 예리한 각角이 선다.'는 이야기가 있다. 따라서 대화력을 향상시키기 위해 다음 세 가지 핵심 요소를 숙지해 둔다.

① 정확하게 이야기한다

- 정확한 내용과 목적을 갖는다.
- 올바른 단어를 정확한 발음으로 이야기한다.

② 알기 쉽게 이야기한다

- 상대방에게 맞는 단어, 올바른 대화 용어를 사용하고 발음을 정확하게 한다.
- 보다 간결한 문장으로 요점을 분명하고 간략하게 정리해 얘기한다.
- 좋은 대화 분위기를 만들고 시작부터 상대방과 반대 의견을 제시하지 않는다.
- 솔직하고 성실하면서도 예의바른 태도로 열의에 찬 대화를 펼쳐 나간다.
- 숫자나 도표를 활용하여 듣는 이의 이해를 돕는다.
- 전달하고자 하는 내용이 정확히 전달될 수 있게 적절한 매체를 이용한다.

- 결론을 먼저 이야기한다.
- 외국어·전문어·속어·유행어에 신경 쓴다.
- 이야기는 구체적이고 실증적으로 표현한다.

③ 느낌이 좋게 이야기한다

- 밝고 상냥하게 이야기한다. 특히 자신에게 나쁜 말투나 습관이 있으면 주의한다.
- 경어를 바르게 사용한다.
- 친밀감 있는 태도를 유지하며 상대방에게 호감을 느낄 수 있도록 한다.
- 자주 칭찬의 말을 대화 속에 포함시킨다.

남의 이야기를 잘 듣는다

남의 말을 잘 들어주는 사람이 이야기도 잘한다고 한다. 그만큼 '듣는다.'는 것은 대화의 전제 조건이자 뛰어난 화술의 근간이 된다. 상대방의 이야기는 호의를 가지고 듣도록 한다.

- 관심을 표시하며 듣는다. 이때는 손도 놓고 펜도 놓도록 한다. 그리고 서류철도 닫는다.
- 얼굴과 몸을 말하는 상대에게로 향하도록 한다.
- 등을 세우고 듣는다. 가능한 한 허리를 똑바로 세워 자세를 바르게 한다.

- 상대방의 눈과 입을 보면서 듣는다. 곁눈질을 하지 않고 호기심에 찬 표정을 짓는다.
- 상대 입장이 된다. 대화 내용과 상대방 감정에 주의하여 이야기 내면을 이해한다.
- '핵심 내용'이나 '질문' 등을 적절히 던지면서 듣는다. 관심을 기울이고 있음을 증명해 보이는 데는 질문이 최고다.
- 대화 도중에 '역시!' '과연!' '응!' '그래서요!' 라고 맞장구를 치면서 관심을 표명한다.
- 대화의 허리를 자르지 않으면서 끝까지 듣는다.
- 대화중에 어떤 판단을 내린다거나 결론을 내리는 듯한 태도를 취하지 않는다.

인간은 말하는 일로써 고민을 줄일 수 있으며 즐거움을 두 배로 늘릴 수 있다. 다른 사람에게 자신의 의사를 전달하여 감동시키려면 말하는 기술이 필요하다.

이야기를 정확하게 듣는 방법

- 메모하면서 듣는다.
- 숫자 · 기일 · 장소 · 성명 등은 반복 확인한다.
- 불명확한 점이나 애매한 점은 솔직하게 질문한다.

- 이야기의 내면과 참뜻을 파악한다.
- 선입관을 버리고 솔직하게 듣는다.
- 추측(주관)과 사실(객관)은 구별하여 듣는다.
- 타인의 충고나 애로를 솔직하게 듣는다.

타인의 이야기를 잘 들어주면 세 가지 덕이 있다는 얘기를 한다.

첫 번째는 상대에게 열심이라는 느낌을 전달할 수 있다. 말하는 상대에게 진지하게 관심을 표하게 되면 상대방은 '이 사람은 건실한 사람이구나!' 라든가 '신뢰할 수 있는 사람이다!' 라고 생각한다.

두 번째는 정보를 수집할 수 있다. 대화를 통해 자신이 모르고 있었던 사실을 알게 되지만 상대방이 말하는 중에 끼어들어 찬물을 끼얹는 사람은 아무런 정보도 얻을 수 없다. 남의 이야기를 성실하게 들어주는 사람은 예상치 않은 귀중한 정보를 얻을 수 있게 된다.

세 번째는 현명한 사람이 된다. 우리들은 '듣고 봄' 으로써 정보를 획득하고 있다. 그러므로 잘 듣는 사람은 그만큼 남들보다 많은 정보를 획득할 수 있는 기회가 많고 그럼으로써 폭넓은 상식과 견문을 얻을 수 있다.

대화 소통을 원활하게 한다

업무 성과는 종적, 횡적 의사소통이 잘 되느냐 안 되느냐에 따라 좌우된다. 특히 회사에서는 상하 간, 부서 간의 원활한 커뮤니케이션이 무엇보다 중요하다. 부서 간 협조가 잘 이루어지지 않아 침체를 맞고 있는 회사도 우리 주변에서는 얼마든지 찾아볼 수 있다.

회사 조직에서 자유롭고 활발한 발언과 논의가 이루어지지 않으면 상하 간의 신뢰감을 잃게 될 뿐만 아니라 조직은 결국 활력을 잃게 된다. 프로사원이라면 '상의하달上意下達과 하의상달下意上達'의 두 가지 채널이 도중에서 붕괴되지 않도록 상하 간 의견을 능숙하게 전달할 수 있어야 한다. 이는 곧 말단직원의 의견을 효과적으로 상사에게 전달하며 상사의 의견과 요망 사항을 능숙하게 하급자에게 전달하는 능력이기도 하다.

대체로 직장 커뮤니케이션이 이루어지지 않는 이유는 다음과 같다.

- 바쁘다는 핑계로 대화할 시간을 갖지 않는다.
- 대화·보고 채널이 애매한 경우가 있다.
- 상의하달은 있으나 하의상달이 없다.
- 정보량이 위에는 두텁지만 밑에는 얇고 부하직원이 필요로 하는 정보가 충분히 공급되지 않는다.

- 상사는 '부하를 잘 이해하고 있다.'고 생각하지만 부하들은 '상사가 잘 이해해 주지 않는다.' 라고 생각한다.
- 부하직원들은 상사 의견에 반대되는 발언은 하지 않는 편이 낫다고 생각한다.

사례로 어느 조직에서나 위계질서가 있게 마련이다. 하나의 조직이 형성되고 난 후 그 조직의 위계질서가 와해되면 그 조직은 제 기능을 발휘할 수 없다.

특히, 군대가 특별히 엄정한 위계질서나 명령 계통을 요구하는 것은 군대만이 지닌 목표나 성격에 따른 것이지만, 기업의 조직에서도 그 조직 목표를 달성하기 위해서는 전 조직원이 일사불란하게 움직일 수 있는 질서가 있어야 한다고 본다.

비록 부하직원이 상사보다 경력도 많고 연장자라 할지라도, 그 조직의 질서에 따라 상사에게는 상사로서의 예우를 해주어야 한다. 조직은 한 사람이 아니고 다수의 사람이 모여서 일하는 곳인 만큼 전체 조직을 생각해서 행동하는 것이 바람직하다.

일과가 끝난 후에는 상사도 자기보다 연장자인 부하직원에게 적당한 선에서 경력과 연륜을 인정해 주면서 동기 부여를 할 수 있다면, 조직은 상하 간의 질서를 유지하면서 더욱 좋은 분위기를 만들 수 있다고 본다.

직장 상사와의 커뮤니케이션

직장에서의 대화 가운데 같은 동료나 바로 위의 상사 등과의 대화 시에는 별 어려움 없이 자신의 의사 표현을 충분히 하고 있다. 그런데 직위나 직책이 높은 임원들과의 대화 시에는 무척 조심스럽고 어려운 것이 사실이다. 그러나 이런 경우에도 겸손한 태도로 예의는 지키되 본인의 의사 표현을 자신감을 갖고 당당하게 할 수 있어야 한다.

직위나 직책이 아주 높은 상사가 불러서 어떤 안건에 대해서 질문을 할 경우에는, 우선 묻는 말에 명확하고 간결하게 대답하는 것이 가장 중요하다. 그런데 간혹 당황하여 횡설수설하다가 엉뚱한 답을 하는 경우가 있다. 어떤 질문을 받든 우선은 침착하게 생각을 정리하여 솔직 · 간결 · 신속하게 대답하도록 해야 한다. 따라서 질문을 받았을 때는 결론부터 간결하게 대답하고 그 다음 질문을 기다리거나 상사의 동정을 살피면서 생각을 정리하는 것이 좋다.

그러나 모든 질문에 충분히 대답할 수 있으면 좋겠지만 그렇지 못할 경우도 있다. 따라서 잘 모르거나 파악이 미처 되어 있지 않은 경우에는 우물쭈물하거나, 대답을 하지 않거나, 적당하게 둘러대는 등 우회적으로 회피하지 말고 솔직하게 잘 모르겠다고 말하고 곧 파악해서 보고드리겠다고 하는 것이 가장 좋은 방법이다.

그리고 상사에게 꾸중을 듣거나 질책을 받을 경우에는 그 자리에서 언짢은 표정을 짓는다거나, 책임을 남에게 전가하거나, 자기 변명을 하는 방법 등은 좋지 않다.

상사의 꾸중이나 질책은 못 한다고 혼내기보다는 부하직원보다 폭넓은 경험과 지식을 바탕으로 더욱 잘하라는 조언의 뜻과, 유능한 직원으로 만들기 위해 가르치고 양성하려는 의도가 더 깊이 내재되어 있다고 본다. 따라서 일단은 상사의 의도를 수용하는 자세를 가져야 한다. 그러나 상사의 말이나 꾸중이 확실히 부당하다고 판단될 경우에는, 그 자리에서는 일단 수용한 후 본인의 생각과 상사의 의견을 종합 · 정리하여 잠시 후에 본인의 의사를 다시 한 번 차분히 이야기하는 것이 좋다. 그 자리에서 서로의 입장만을 피력하다 보면 충분한 의사소통이 되기보다는 오히려 감정이 상하게 될 경우도 있을 수 있기 때문이다.

상사가 아이디어를 구할 때나 어떤 안건에 대해서 의견 교환을 요구할 경우에는, 일단 상사의 의중을 파악해 가면서 자기의 생각이나 아이디어를 떳떳하게 그리고 간단 · 명료하게 설명할 수 있어야 한다. 아이디어나 의견을 구하는 것이니만큼 너무 일방적으로 자기 얘기만 하지 말고, 상사의 의견을 들어가며 일처리에 도움이 되는 방향으로 협조해야 하며, 상대방의 의도나 의중을 고려치 않고 자기 PR을 하거나 변명이나 고집을 부리는 것과 같은 행동은 효율적인 대화의 방법이나 효과적인 의사 표현의 방법이 되지 못한다.

특히 직위나 직책이 높은 상사들의 경우는 여러 가지 다양한 의사 결정을 내려야 되는 위치에 있으므로 시간상 많은 여유가 없고, 하는 일 자체가 조직에 미치는 영향이 큰 업무가 대부분이기 때문에, 부하직원들이 어떤 일에 대해 보고하거나 의견 교환할 때에는 가급적 결론부터 요점만 간단·명료하게 이야기하여 짧은 시간에 최적의 의사 결정을 내릴 수 있도록 해야 한다. 따라서 요령부득으로 장황하게 이야기한다거나, 답변 시 임기응변식으로 그 당시의 위기만 넘기려고 한다든가, 우회적·암시적·간접적으로 응답하여 혼란을 주는 표현은 피해야 한다.

우리들의 하루 일과는 말로 시작되어 말로 끝난다고 해도 과언이 아니다. 하루에 말을 듣는 것이 45%, 말하는 일이 30%. 기타 읽는 일과 쓰는 일이 25%라는 통계도 있다. 말씨는 사람의 인격과 교양의 표현이므로 항상 기품 있고 점잖게 사용할 수 있도록 해야 한다. 이러한 말씨와 말투는 상대방과 대화할 때 더욱 유의해야 한다.

평소 대화할 때 유의해야 할 사항으로는 목소리가 너무 크지 않도록 주의해야 한다. 차분하고 분명하게 그리고 친밀감이 있는 부드러운 목소리로 일정한 속도를 유지하며 말할 수 있도록 하고,

때로는 억양을 약간씩 높여서 지루함을 없앨 수 있도록 한다. 그리고 어떤 대화라도 남에게 관대할 수 있는 친밀감이 있어야 하며, 그 태도와 표정에도 여유가 있어야 듣는 사람으로 하여금 아늑하고 편안한 느낌을 줄 수 있다.

그리고 대화 중에는 자기 생각을 분명히 정리하여 이야기할 수 있도록 하며, 남이 이야기할 때 망설이고 주저하다가 나중에 후회하는 일이 없도록 해야 한다.

또한 상대방이 부당한 말을 했을 때는 그저 웃어넘기기보다는 정색의 표정을 지어, 그것은 그렇지 않다고 차근차근 조리 있게 자신의 생각을 말하는 것이 좋다. 말은 표준말을 쓰도록 노력해야 하며, 간결하고 명료해야 한다. 너무 심한 사투리를 쓰게 되면 이해하기 어려울 뿐더러 대화가 원활하게 진행되기 힘들기 때문이다.

항상 웃으면서 이야기할 수는 없지만, 가급적 상대방을 보고 웃으면서 대화하도록 노력해야 한다. 같은 말도 서로 즐겁고 친근감 있게 이야기한다면 생각보다 더 좋은 결과를 낳을 수 있기 때문이다.

또한 여럿이 말을 할 때는 외톨이이거나 무료한 사람이 없도록 공통적인 화제를 찾아서 모두가 함께 이야기할 수 있어야 하며, 혼자 많은 말을 하지 않는 것도 중요하다. 여러 사람이 모인 자리에서는 되도록 개인적인 이야기는 하지 말고, 특정인을 비방하거나 험담을 하는 일이 없도록 한다. 그리고 잘 모르는 소문에 대한 이야기나 오해를 불러일으킬 만한 화제는 함부로 이야기하지 않도록 한다. 특히 정치나 종교 문제 등은 개인적으로 견해를 달리할 수 있는 소지가 많으므로 유의하여 말을 해야 한다.

즐거운 시간에 침울한 화제를 꺼내 분위기를 깨지 않도록 화제를 잘 선택하도록 한다. 식사를 하는 자리에서는 불필요한 대화를 삼가고, 음식에 대한 불평도 해서는 안 된다. 그리고 자기만의 일에 대해 너무 오래 이야기하지 않도록 하며, 또한 자기 가족이나 자신에 대한 자랑을 하는 일은 실례가 된다. 특히 저속한 말이나 유행어를 사용하지 않도록 하며, 절친한 사이가 아닐 때는 지나친 익살이나 코미디 같은 언행을 하지 않도록 한다.

시간관리를 잘한다

06

시간은 누구에게나 평등하게 주어진다. 그리고 누구나 날마다 똑같은 시간을 부여받는다. 부자라고 해서 더 많은 시간을 살 수는 없다. 또한 과학자라고 해서 새로운 시간을 만들어 내지는 못한다. 그리고 다른 날 쓰기 위해 오늘의 시간을 저축해 놓을 수도 없는 것이다. 그런데 우리들은 시간을 낭비하고 있다.

특히 업무를 추진하는 데 있어 가장 필요한 요소는 사람·물건·자금·시간·정보 등 다섯 가지다. 이 가운데서도 가장 중요한 것은 사람(인재)이다. 왜냐하면 사람이 경영의 모든 요소를 지배하기 때문이다.

그렇다면 사람을 제외한 네 가지 요소 가운데 무엇이 가장 중요한가. 사람에 따라서는 '금전(돈)'이라고 응답하는 사람도 있겠고 '정보'라고 말하는 사람도 있을 것이다. 그러나 필자의 견해로는

'시간'이 가장 중요하다고 생각한다. 어째서 시간이 가장 중요한 가. 그 핵심적인 이유로 다음의 네 가지를 들 수 있다.

첫째는 평등성이다. 시간은 누구를 막론하고 평등하게 부여된 다. 둘째는 분할성이다. 누구든지 크든 작든 자유로이 쪼개 쓸 수 있다. 셋째는 증식성이다. 시간은 누구든 능숙하게 사용하면 그 가치가 증대된다. 마지막 넷째는 가변성이다. 시간이란 절대로 되 돌릴 수 없다. 따라서 중요하게 사용하지 않으면 낭비가 된다.

여러분의 시간 가치를 최대한으로 높이기 위해서는 앞서 기술 한 네 가지 핵심 요소를 새롭게 인식해 볼 필요가 있다. 이들 네 가지 요소에 대해 좀 더 구체적으로 설명해 본다.

첫 번째 시간의 평등성에 관한 문제이다.

인간은 누구를 막론하고 하루 24시간이 평등하게 부여되고 있 다. 따라서 매우 공평하다. 인격 · 연령 · 성별 · 지역에 상관없이 어떠한 신분이라 하더라도 1일 24시간, 그리고 1,440분만은 변함 없이 공정하게 주어지고 있는 것이다. 즉 시간만큼 인간에게 공평 한 것도 없다. 따라서 시간은 귀중한 보물이 아닐 수 없다.

다음으로는 시간의 분할성이다.

예를 들면 1대의 기계를 분해하여 부품화 시키면 완성품으로서 의 기능이 없어진다. 그러나 시간의 경우는 임의대로 얼마든지 쪼 개서 쓸 수 있으며 쪼개진 시간의 가치가 떨어지는 것도 아니다.

정보 또한 분해하게 되면 단편적인 정보가 되어 정보 가치가 떨어지는 경우가 많다. 그리고 금전(돈)도 확실하게 나눌 수는 있지만 시간과 같이 모든 사람에게 평등하게 주어진 것은 아니다.

다음으로는 시간의 증식성에 관한 문제이다.

시간의 활용이 능숙하게 되면 그만큼 시간의 가치가 높아지게 된다는 말이다. 예를 들면, 한순간에도 '영원의 즐거움과 환희'를 맛볼 수 있는 경우가 있다. 그러나 돈·물건·정보는 아무리 잘 사용해도 시간만큼 영원의 즐거움을 느낄 수 없다. 돈을 들여 얻게 되는 즐거움은 때가 지나면 금전만 날아갈 뿐 기쁨이 영원히 계속되지는 않는다. 또한 물건과 정보의 경우도 사용할 때 그 순간의 즐거움이다. 그러나 시간을 잘 사용하면 이를 아무리 반복할지라도 좋은 성과를 얻을 수 있다.

그리고 마지막으로 시간의 가변성이다.

이것은 시간만의 장점이자 단점이라 할 수 있다. '돈은 돌고 돈다.'라는 이야기가 있다. 하지만 시간은 되돌릴 수 없다. 절대 되돌아오지 않기 때문에 귀중한 것이다.

시간관리의 중요성

건강의 유지 증진은 물론 개인적인 능력 발휘에 있어 시간관리는 불가결한 요소이다. 또한 시간이나 생활을 어느 정도 조절할 수 있는가는 마음의 평안과 조화, 정신적 만족감을 결정하는 중요한 요소가 된다. '시간에 쫓긴다.'고 생각되면 마음이 불안해져 스트레스를 느끼거나 불안, 초조해져 결국 자신이 불행하다는 느낌마저 든다. 인생의 분기점이 될지도 모르는 중요한 사건을 실수 없이 조직화해 움직일 수 있다면 활기찬 생활을 할 수 있게 된다.

그렇다면 누구에게나 똑같이 주어진 시간을 여유 있게 활용하려면 어떻게 해야 하는가? 시간관리란 하나의 기술이며 여러 테크닉의 복합체라 할 수 있다. 다른 모든 기능과 마찬가지로 시간 관리 기술도 반복 연습을 통해 익숙해지는데, 네 가지 D에 주안점이 있다.

- **욕구**(desire)

시간 관리를 잘하기 위해서는 우선 그러고 싶은 강한 욕구가 생겨야 한다. 성공의 결정적 요인은 좋은 머리가 아니라 자신이 가지고 있는 가능성을 어느 정도 활용할 수 있는가 하는 점이다. 결국 얼마나 능숙하게 시간을 관리할 수 있는가를 말한다. 우수한 프로사원의 하루 업무량은 그렇지 못한 사람이 할 수 있는 양보다 훨씬 많다. 그만큼 프로사원은 일하고자 하는 욕구가 강하기 때문이다.

- **결정**(decision)

시간관리에 철저해지고 싶다는 욕구가 강하게 일면 지금 당장 '이제부터는 시간을 계획적으로 쓰겠다.'고 결심한다. '시간관리를 잘하고 싶다면 당신을 본받아라.' 라는 말을 듣겠다는 각오로 결심을 굳히고 실행에 옮긴다.

- 결단(determination)

어떤 습관이라도 몸에 익히기 위해서는 몇 번씩 반복할 필요가 있다. 마찬가지로 결심했다면 그에 대한 각오를 굳힐 필요가 있다. 그대로 내버려두면 결심했던 바가 점점 흐지부지해져 결국에는 원점으로 돌아가 버린다. 물론 욕구가 강하면 결단도 확고해지게 마련이다.

- 극기심(discipline)

자기를 이기는 자야말로 가장 용기 있고 성공한 사람이라는 말이 있다. 자기 자신을 이기려는 마음, 이것이야말로 시간관리에 중요한 포인트다. 필요한 일은 무리해서라도 꼭 해내고야 말겠다는 진정한 극기심은 성공을 위한 절대 요소이다.

성공적인 시간관리를 위한 테크닉 숙달

① 철저한 시간관리를 결심한다

자신에게 만족하는 자기긍정의 정도는 자신의 인생을 스스로 컨트롤할 수 있는 정도와 비례한다. 따라서 자기부정이 강하면 강한 만큼 스스로 인생을 컨트롤할 수 없다는 얘기가 된다. 이것을 심리학에서는 '컨트롤 내재와 외재의 차이'라고 부른다. 컨트롤 내재란 '내 인생의 키는 내가 쥐고 있다.'고 생각할 때의 상태이며 반면 컨트롤 외재란 자기의 인생이 외부 압력에 지배받고 있어서 자신은 수동적으로 움직이고 있다고 느낀다.

내재와 외재는 자기결정 단계에서 큰 차이를 보이며 프로사원과 그렇지 못한 직원과의 차이가 여기에 있다. 그러므로 프로사원이 되기 위해서는 시간을 어떻게 쓰느냐, 즉 효율적인 시간관리에 익숙해져야 한다.

② 시간에 대한 개념을 재정립한다

자신에 대한 만족도는 자기 자신의 개념과 자아상에 따라 달라질 수 있다. 우리는 모두 자아상을 갖고 있는데 이것이 자신의 행동이나 태도를 지배한다.

자아상은 자신에 대해서 어떻게 생각하며 보고 있는지, 어떤 이미지를 갖고 있는지, 특히 자기를 어떤 사람이라 생각하고 있는지에 따라 결정된다.

유능한 프로사원은 자기를 유능하고 일을 잘하는 사람으로 생각하고 있다. 그러므로 자기 자신을 어떻게 느끼고 있는가? 시간관리 태도는 어떤가? 그리고 어떤 소질을 갖고 있는지에 대해 스스로가 객관적으로 따져볼 필요가 있다.

만일 자신이 시간관리를 잘한다고 믿고 있다면 당연히 그에 따른 행동을 취할 것이다. 즉 시간관리를 잘한다는 자아상이 확립되어 있다면 항상 이와 일치된 행동을 하려고 노력한다. 그리고 그런 사람은 실제로 능숙하게 시간관리를 한다.

당신도 이미 경험한 적이 있겠지만 어떤 강좌를 수강해 기술을 배웠더라도 나중에 해보면 잘 되지 않을 때가 있다. 자신이 부족하거나 시간을 효율적으로 관리하지 않으면서 갖고 있던 자아상도 바뀌지 않는다면 컨트롤 외재형 인간이 될 수밖에 없다.

③ 시간관리를 위한 마음가짐

• 굳건히 결심한다.

그러면 어떻게 하면 지금까지의 생각을 바꿀 수 있을까? 그것은 바로 뭔가를 하겠다는 결심부터 하는 것이다. 시간관리를 잘하지 못하는 사람은 시간관리에 능한 사람이 되겠다고 결심한다. 그리고 목숨 걸고 일을 잘하겠다고 다짐한다. 결심은 당신을 반드시 프로사원으로 만들어줄 것이다.

• 자아상을 바꾼다.

두 번째 단계는 자아상을 바꾸는 일이다. 능숙한 시간관리를 염두에 두고 자기의 일을 잘하면 어떻게 되리라는 모습을 떠올려본다. 일 잘하는 나는 어떤 모습을 하고 있을까? 좀 더 철저할까? 마음이 편안할까 등을 생각해 이런 모습들을 머릿속에 떠올려본다.

만일 떠오른다면 자신은 현재 시간관리를 철저하게 하고 있는 셈이 된다. 자기의 시간, 자신의 인생을 확실히 컨트롤하고 있는 인간으로서의 자신을 머릿속에 그리는 것이다.

- ~인 척 행동한다.

세 번째는 '~인 척' 행동하는 것이다. 당신이 시간관리를 잘한다고 인식한 척하는 것이다. 다시 말해 이미 일을 잘 해왔던 사람인 척 행동한다.

자신이 '일을 잘한다, 시간관리에 능숙하다.'고 생각하는 사람은 실제로 시간관리를 잘하게 된다. 현재에는 시간관리에 미숙해도 잘하는 척하면 그에 따라 기분이 달라지고 행동이 달라지게 되어 있다.

왜 시간관리를 하는가를 자각한다

시간관리에서 가장 중요한 일은 자신의 가치관을 확실하게 아는 것이다. 시간관리란 일의 순서를 정해서 자신에게 중요하다고 생각되는 것에 많은 시간을 분배하는 일이다. 그러므로 자신의 가치관을 파악하지 못한 상태에서는 시간의 분배가 제대로 이루어질 수 없다.

그리고 당신이 모든 일에 무의미하다면 시간을 조절할 수 없게 된다. 따라서 항상 '무엇을 위해, 왜'라고 자문하는 일부터 시작해 보자. 시간관리 기술만 향상되어 자기에게 아무 의미 없는 일이 잘 처리된다고 해서 자신에게 좋을 일은 없다. 오히려 욕구 불만, 소외감, 불안감만 계속 쌓일 뿐이다.

따라서 지금 하고 있는 일이 '무엇을 위해서인가'라는 것을 알아두는 것이 첫 번째다. 당신의 인생에서 무엇이 가장 중요한가? 기분이 좋다거나 자존심을 유지할 수 있다거나 하는 일은 자신이 하는 행동이 자신의 가치관과 조화되는 정도에 좌우된다.

스트레스와 불안, 긴장과 욕구 불만, 그리고 일에 파묻혀버릴 것만 같은 기분이 드는 것은 지금 하고 있는 일과 자신의 가치관이 어긋나기 때문에 발생한다. 반면에 즐거운 일을 하고 있을 때는 마음속으로부터의 갈등이나 불만이 생기지 않는다. 그 일이 자신의 가치관과 일치해 자존심을 지켜주고 있기 때문이다. 그러므로 가치관이나 자존심은 행복의 열쇠이다. 다시 말해 시간관리는 행복에 가득 찬 인간이 되기 위한 열쇠가 된다. 깊이 생각하는 것, 이것이야말로 시간관리 테크닉의 최대 비결이다. 프로사원이라면 매일 깊이 생각하는 데 시간을 할애해야 한다. 하루 30분 이상의 시간을 투자해 자신이 하고 있는 일을 되돌아보고 생각을 정리한다.

아침에 일어나서 30분 정도 생각에 잠겨본다. 자기는 무엇을 지향하고 있으며 그 이유는 무엇인가? 그리고 무엇이 잘 되고 있고 어떤 것이 어려운가? 그것을 바꾸기 위해서는 어떻게 하는 것이 좋은가? 어떤 창조적인 접근법을 생각할 수 있는가? 어떤 전제 하에 진행시키고 있는가 등 자신이 지금 안고 있는 문제에 관해 생각해 본다. 이것이 진정한 위대함의 시작이다. 매일 아침 시간을 내어 차근차근 생각해 보고, 주위를 둘러보며 자문하고, 자신의 인생과 행동을 검토해 본다. 이렇게 함으로써 당신의 시간관리 기술은 믿을 수 없을 정도로 향상될 것이다.

생각이 확고하고 자신의 가치관 하에서 시간관리를 하려는 적극적인 마음이 생겼다면 목표와 목적을 결정한다. 목표를 정하고 그 목표가 달성되는 시점에서 거꾸로 현재의 위치로 거슬러 내려와 본다. 즉 자신을 미래 시점에 놓고 현재까지 모든 것을 거꾸로 생각해 보는 것으로 목표 지점에서 출발해 발전 단계까지 되돌아오는 방법이다. 이렇게 했을 때 목표점에 도달하기까지 어떤 단계가 있는지를 분석한다. 단계를 나눌 때는 논리적으로 가능한 모든 단계로 세분화한다. 이 방법은 일정 기간 내에 해야 할 일이 있을 때 효과가 있다. 이때 목표는 명확히 그리고 상사가 측정 가능한 것으로 정한다. 측정 가능한 것만이 달성될 수 있기 때문이다.

그리고 기한을 정한다. 시간 제약이 없는 목표는 목표가 아니라 단순한 노력 목표에 지나지 않는다. 명확히 최종 기한을 정한다. 그리고 위임할 수 있는 일은 전부 위임한다.

결과의 성과 여부를 분석한다

회사란 영리를 추구하는 조직이기 때문에 성과를 내야 하는 것이 직원들 직무의 우선 사항이 된다. 성과가 있고 없음에 따라 여러분들의 미래가 달라질 수 있다.

'나는 이 회사에 무엇 때문에 고용되었는가?' 이렇게 자신에게 끊임없이 물어본다. 답이 확실하게 나오지 않는다면 상사에게 물어보아도 좋다. 그러나 상사도 여러분이 왜 고용되었는지 알지 못하는 경우가 많다. 상사 자신도 자신이 왜 그 회사에 고용되었는지 모르는 경우가 많기 때문이다. 그렇다면 그런 상사 또한 시간을 유효하게 쓰고 있지 못하다는 얘기가 된다.

두 번째는 자신이 어떤 결과를 원하는지 자문하는 것이다. '나만이 할 수 있는 이 일로써 결과에 중대한 차이가 나는 것은 무엇인가?' '내가 이루어 냄으로써 일 · 생활 · 회사에 어떤 변화가 생기는가?' 라는 질문을 끝없이 반복한다.

여러분이 해낼 수 있는 일 중 잘하면 중대하고 크나큰 효과를 볼 있는 것이 한 가지, 경우에 따라서는 두 가지는 있다. 그것이 바로 여러분이 성과를 낼 수 있는 영역의 일이다. 그 외의 일은 아무리 많이 완수해도 여러분의 경력에 그다지 영향을 미치지 않는다.

자신이 성과를 올릴 수 있는 분야는 두뇌력 · 신념 · 열정 · 활력의 키포인트가 된다. 스스로 생각해 중요한 일을 하고 있을 때에는 저절로 의욕과 자신감이 생겨나기 때문이다. 하지만 현재 자신이 하고 있는 일이 자신의 중요한 목적에 부합되지 않을 때에는 자존심이 손상당하여 우울 · 욕구 불만 · 중압감을 느끼게 된다. 더불어 프로사원이 되기 위해서는 조직 내의 성과를 올릴 수 있는 영역을 알고 있어야 한다. 그리고 조직의 어떤 자리에 있든 자신과 상사의 것도 알아둘 필요가 있다.

상사가 하지 않으면 안 되는 일, 달성해야만 되는 일로 조직의 성공에 있어서 다른 무엇보다도 중요한 것이 무엇인지 파악해야 한다. 후배나 부하직원이 전문인 성과 영역도 파악해 둔다. 그렇지 않으면 부하에게 적절한 지시를 할 수 없게 된다. 즉 구성원 각자의 성과율 높은 분야를 항상 명확히 파악해 두고 목표 달성도와 성공을 가늠하는 척도에 비춤으로써 효과적인 시간 활용과 조직 기능을 발휘할 수 있다.

한 가지 일에 전력투구한다

중요한 일에는 충분한 시간을 할애한다. 집중이란 어떤 일에 착수해서 완결 지을 때까지 그만두지 않는 것을 말한다. 도중에 다른 일이나 딴생각을 하면 안 된다. 한 가지 일에 모든 신경을 집중하는 것이 성공의 조건이다. 다른 모든 조건을 갖추고 있어도 한 가지 일에 집중할 수 없으면 성공은 기대할 수 없다.

또한 중요한 일을 우선시하는 생각이 없으면 결코 성공할 수 없다. 무능하다고 낙인찍힌 주변의 사람을 보라. 그런 사람은 분명 우선도가 낮고 결과와는 상관없는 일만 하고 있을 것이다. 중요도가 높고 최우선으로 해야 될 일에는 언제나 충분한 시간을 분배해 놓는다. 자신이 마음속으로 그 일을 마칠 수 있겠다는 시간에다 3시간을 더하면 적당하다.

또 한 가지는 '1회 처리'이다. 무슨 일이든 일단 시작하면 완성할 때까지 그만두지 않겠다는 사고방식이다. 1회 처리란 같은 문제를 두 번 거론하지 않는 것을 말한다. 한 번 거론됐을 때 그 장소에서 처리해 버리고 다음 일로 넘어가는 행동 방식이다.

치밀하게 행동한다

- **일을 세분화한다.**

우유부단을 극복하기 위해서는 우선 일을 한 입 크기로 잘게 나눈다. 많은 사람들이 가장 중요한 일일수록 뒤로 미루려는 경향이 있다. 중요하더라도 당장 필요치 않으면 뒤로 미루고 큰 프로젝트나 제안, 복잡한 서류 등이 걱정은 되지만 좀처럼 하려고 하지 않는다.

긴급을 요하는 사안을 미루거나 의사 결정에 우유부단해서는 회사에서 필요로 하는 프로사원이 될 수 없다. 우선 일을 한 입 크기로 분할해서 하나씩 시작한다. 한 입 크기란 큰일을 세분화해서 손대기 쉽게 한다는 뜻이다. 이렇게 하면 일이 간단해 보여 미루지 않게 되고 해결도 쉽게 할 수 있다.

세분화된 일에 집중해 분투 노력하고, 그 일이 완수되면 '잘했다.'고 자신을 칭찬한 뒤 다음 일에 착수한다.

• 지금 당장 실행한다.

그리고 무슨 일이든 지금 당장 실행한다. '지금 당장 하라!'는 말은 아메리카의 거부 W. 클레멘트 스톤의 트레이드 마크였다. 그는 이 말을 지킴으로써 성공했다. 성공과 의욕을 위한 프로그램으로서는 세계 최고의 권위를 자랑하는 나폴레옹 힐 프로그램 속에 '지금 당장 하라.'의 노하우를 적용시킨 것으로도 유명하다.

• 긴박감을 갖는다.

긴박감을 갖는 일도 중요하다. 긴박감은 비즈니스 세계와 조직 세계의 가장 귀중한 특성이다. 일처리를 빨리 하는 사람, 스피드 하면서도 확실하게 일하는 사람, 우선순위를 정해서 업무에 임하는 사람, 일단 착수하면 반드시 이루는 사람이라는 평을 얻게 된다면 업무 외에 다른 일에도 적용되어 성공할 수 있는 역할을 게 될 것이다.

자신이 소속해 있는 회사가 긴박감 있는 회사라는 평판을 얻도록 해야 한다. 만약 전화가 걸려온다면 벨이 울림과 동시에 수화기를 든다. 하잘것없는 이야기로 들릴지 모르지만 대단히 중요한 일이다.

성과를 최대화한다

중요한 일일수록 아이디어를 떠올리는 데 일정한 시간이 필요하게 된다. 아이디어를 생산해 내는 창조적인 일과 실무적인 일을 함께 실행해서는 안 된다. 실무적인 일, 즉 서류를 작성하거나 전화를 받고 또는 회의를 하면서 동시에 창조적인 일을 하는 것은 효율적인 시간관리라 할 수 없다.

일정한 시간이란 최저 1시간~1시간 30분 정도를 말한다. 어떤 일이든 창의적인 업무를 처리할 때는 이 정도의 시간이 필요하며 어려운 문제에 착수하기 위해서는 30분 정도의 시간이 걸리고 1시간 내내 집중하는 것이다. 그러면 어떻게 해야 일을 중단하지 않고 지속적으로 실행할 수 있겠는가? 아래에 소개해 놓은 방법 중 어느 것을 선택해도 능률은 향상될 수 있다.

중단하지 않고 일을 지속적으로 할 수 있는 최적의 상태는 체내 시계가 가장 왕성하고 상쾌할 때다. 매일 아침 5시나 6시에 일어나서 출근하기 전 1시간 반 정도 일을 한다. 이처럼 방해받지 않고 일한 아침의 90분은 사무실에서의 하루와도 같다.

두 번째는 점심때를 이용한다. 모두가 식사하기 위해 빠져 나간 사무실에서 1시간 동안을 활용한다. 누구에게도 방해받지 않고 일할 수 있을 것이다. 1시간이라면 우편물 정리나 보고서도 정리할 수도 있다.

세 번째는 일정한 시간을 정한다. 예를 들면 10시부터 11시까지 또는 오후 2시부터 3시까지로 정해 '입실 금지'라는 표를 붙여둔다. 이렇게 해서 오전 중에 1시간, 오후에 1시간 정도를 집중할 수 있는 시간을 만든다.

또 한 가지 좋은 방법은 누구보다도 1시간 더 빨리 출근해서 혼자서 일하는 것이다. 그리고 모두 퇴근한 후에 1시간 정도 남아서 일한다. 요컨대 누구에게도 방해받지 않는 시간을 만들어서 일에 전념하는 것이 중요하다.

능률을 극적으로 향상시키는 4가지 아이디어

1. 잠자리에서 일어나자마자 일을 시작한다.
2. 점심때를 활용한다. 전화도 걸려오지 않고 모두가 외출한 시간은 일하기에 최적이다.
3. 일정 시간 회의실이나 한적한 장소에 들어가서 일에 집중한다.
4. 빨리 출근하고 늦게 퇴근한다.

자기개발을 잘한다

07

인간은 누구나 꿈을 갖고 있다. 즉 미래에 대한 뭔가의 기대를 안고 삶을 영위하고 있는 것이다. 따라서 그 꿈과 기대가 어느 정도까지 실현되는가에 따라 인생에 대한 보람과 긍지, 그리고 만족감과 충실감 등을 느끼게 되는 것이다. 또한 인간은 언제나 욕망을 추구하는 한편 불만과 질투를 느끼며 살아간다.

이런 점에서 직장인들은 항상 두 가지 타입의 얼굴을 갖고 있다. 즉 하나는 현재의 얼굴이고, 또 하나는 앞으로 그렇게 되고자 하는 미래의 얼굴이다. 어쨌든 인간은 누구를 막론하고 실패하지 않는 사람이 되고 싶다는 것이 본능인 것이다.

그렇다면 실패하지 않는 직장인이 되기 위해서는 과연 어떻게 해야 하는가. 또한 실패하지 않는 직장인, 회사원이 되기 위해 염두에 두어야 할 점은 무엇인가.

우선 자기 자신을 개발할 수 있는 목표를 명확히 계획하는 일이 가장 중요하다고 본다. 일반적으로 '현재 당신의 인생 목표는 무엇이며 인생관 또는 직업관은 무엇인가, 그리고 그것을 위해 어떻게 추진하고 있는가.' 라고 물으면 목표의 대소를 막론하고 곧바로 정확하고 자신 있게 대답하는 사람이 드문 게 사실이다.

일례로, 마이머가 '백만 달러의 성공 계획 5원칙'에서 성공의 핵심 요소로 든 다섯 가지를 살펴본다.

첫째 목표를 선명하게 결정할 것, 둘째 목표를 달성하기 위한 계획과 그 달성 기한의 가능성에 대하여 할 수 있다는 자신감을 가질 것, 셋째는 건강관리에서 체력을 유지할 것, 넷째는 시간관리로 삶을 효율적으로 경영할 것, 다섯째, 장애 요소를 분석하여 주위의 상황에 구애됨이 없이 마음속에 그려 놓은 계획을 강인한 각오 아래 달성하고자 노력할 것 등이다. 여기에서 각오란 일관성·지속성을 말한다. 따라서 각오했을 경우에는 치밀한 행동 계획을 세워 끈기 있게 추진해야 한다.

대체로 인간은 자기 자신이 특기로 하는 일에 집중하며 그 방면에서 능력을 발휘하게 되면 매우 왕성한 자신감을 갖게 된다. 따라서 일단 자신감이 붙게 되면 인간의 두뇌 기능은 놀라울 정도로 발휘된다. 지금까지 자신감이 없었던 분야에서도 상당한 성과를 올리게 되는 것이다. 이렇듯 자신의 능력을 극대화시켜 종합력을 발휘하기 위해 착안해야 할 사항을 기술하면 다음과 같다.

- 자신에게 능력이 없기 때문이라고 하는 비관적인 생각을 버리고 적극적으로 노력한다.
- 자신의 일을 철저하게 숙달하여 보다 세련된 기술을 연마한다.
- 일을 재미있게 하면서 집중한다.
- 어떠한 실패나 쇼크에 대해서도 구애받지 않고 분발한다.
- 간혹, 절망적인 순간이 있더라도 곧바로 기분 전환하여 마음을 수정한다.
- 자기방어에 치우치지 않으면서 자신의 결점을 알도록 한다.
- 끊임없이 창조력을 발휘하여 일을 성취시킨다.
- 자신의 업무에 끈기 있게 집중력을 발휘한다.

자기개발 목표를 명확히 정한다

직장인이 자기개발을 효과적으로 추진하려면 우선 자기개발이라는 문제를 어떤 목적과 방향으로 진행할 것인가에 대해 보다 명확한 계획을 세우지 않으면 안 된다. 그렇게 함으로써 가능한 방법을 찾을 수가 있는 것이다. 자기개발을 진행함에 있어 그 목적과 방향을 고찰해 보면 다음과 같은 4가지 패턴으로 분류할 수 있다.

① 직장 적응을 위한 자기개발

최근과 같이 기술 진보의 속도가 급속도로 빨라지고 있는 시대에 현재 하고 있는 일만을 계속한다면 시대에 뒤처지게 된다. 따라서 보다 미래지향적인 장래를 예측할 수 있는 일로 발전시켜 나가야 한다. 이런 점에서 이 항목은 앞으로 수행해야 할 일에 보다 효과적으로 적응할 수 있는 능력을 배양하기 위한 자기개발이다.

② 승진을 위한 자기개발

직장인이 간부나 관리자로 승진하기 위해서는 직책에 필요한 문제 해결 능력·독창력·기획력·관리력 등을 향상시킬 필요가 있다. 이러한 능력을 기르기 위해서는 정보 수집력과 원리 탐구력의 육성이 필요하다.

여기에서 정보 수집력은 문제를 해결하거나 아이디어를 도출하기 위해 필요한 힌트 또는 우수한 사례, 자료 등을 찾아 이것을 응용하는 능력을 말한다. 따라서 정보 수집력을 향상하기 위해서는 왕성한 독서력과 관찰력 등을 연마하여 폭넓은 시야로 정보를 수집하는 훈련이 필요하다.

또한 원리 탐구력이라고 하는 것은 여러 가지 현상 혹은 문제에 봉착하는 경우, 그들의 근본에 있는 원리를 규명하여 그 원리를 다른 곳에 응용해 가는 능력을 말한다. 이러한 능력을 배양하기 위해서는 현상 및 문제점을 철저히 규명할 수 있는 훈련이 필요하다.

③ 재능 창조를 위한 자기개발

인간의 재능이라고 하는 것은 파악하기가 그리 용이하지 않다. 또한 재능이라고 하는 것은 태어날 때부터 물려받았다고 하기보다는 여러 가지 능력 인자를 육성해 감으로써 점차적으로 개발되어 간다고 볼 수 있다.

따라서 재능을 개발하기 위해서는 여러 가지 문제에 접하면서 자신의 장·단점을 알고 난 후 자신의 장점이라고 할 수 있는 특기를 살릴 수 있도록 노력해야 한다.

④ 인간 형성을 위한 자기개발

직장에서 지위가 올라가고 사회적 활동이 활발해짐에 따라 그 사람이 지닌 인격이 상당한 설득력을 갖게 된다. 이러한 의미에서 자신을 발전시켜 가기 위해서는 재능뿐만이 아니라 그 사람의 인격을 높여가는 일이 무엇보다도 중요하다.

인격을 형성해 가는 요소로서 첫째 가치관, 둘째 기질, 셋째 정서적인 안정성, 넷째 능력을 들 수 있다. 따라서 이들 4가지 요소에 대한 성장을 도모해 가는 일이 곧 인격 형성을 위한 자기개발이 되는 것이다.

자기개발의 경우에는 이상과 같은 4가지 목적과 방향이 필요하게 된다. 이런 점에서 현재 본인이 처해 있는 입장에 따라 목표가 설정되는데 최근에는 '직장 적응을 위한 자기개발'이 선택되고 있으며 다음으로 승진, 재능 및 인간 형성을 위한 자기개발로 발전해 가는 것이 일반적이다.

그러나 이 4가지 경우를 요약해 보면 결국은 본인이 지니고 있는 가능성을 신장시켜 점차 재능으로 발휘시킨다는 점과 인격을 형성해 간다는 두 가지 목적이 있다는 점을 알 수 있다. 따라서 자기개발이라고 하는 것은 궁극적으로 각 개인의 재능을 창조하고 인격을 형성해 가는 데 그 목적이 있다. 자기개발의 목적이 우선 재능 창조라고 하는 점에 있다면 재능이란 과연 무엇인가 하는 점을 명확하게 이해하지 않으면 안 될 것이다.

그러므로 자기개발의 방법을 생각하기 전에 우선 자기개발의 대상이 되는 재능이 무엇인가부터 파악해야 한다는 점을 강조해 둔다.

기본을 다지는 자기개발이 중요하다

당신은 현재 어떠한 20대를 보내고 있는가. 그것은 과연 빛나고 내실 있는 생활인가 아니면 불안과 불만의 와중에서 표류하는 생활인가. 바로 20대 청춘을 어떻게 보내느냐가 인생의 중대한 포인트가 된다. 즉 20대는 20대만의 별개의 성격으로 다룰 수 없는 것이, 곧이어 30대를 맞이해야 할 세대인 것이다. 그리고 20대는 가장 중요한 인생을 살아가기 위한 '인간의 기본'을 숙달해야 할 인생 출발의 준비 기간이기도 하다.

이 시기에 몸에 배인 '성격'은 일생을 지배한다고 해도 과언이 아니다. 바로 여기에서 인간의 기본적인 가치는 이미 결정되는 것이다. 좀 더 명확하게 말하자면 20대에 완전한 평가를 받지 못하거나 받을 수 없는 사람은 30대에도 제대로 인정받기가 어려워질 수 있다.

그러므로 새내기직원은 인간의 기본을 익혀야 되는 세대라고 할 수 있다. 그렇다면 과연 새내기직원은 무엇을 달성하고 성취해야 하는가. 두말할 나위 없이 체력·정신력·활력이 뒷받침되는 인생의 황금기라 할 수 있다. 이러한 귀중한 시기에 어떻게 인생 프로그램을 작성하여 시간을 보내느냐가 인생의 성공을 결정짓는 중요한 열쇠가 되는 것이다.

인생의 경주에는 목표도 다양하기 마련이다. 즉 천차만별이 아닐 수 없다. 또한 어린 시절에는 누구나 꿈을 안고 미래를 동경하면서 성장하게 된다. 개중에는 꿈을 향해 구체적으로 실천해 가는 사람이 있는가 하면 중도에서 포기하고 전혀 다른 길을 걷는 사람도 있다. 무엇보다도 뚜렷한 목적, 목표를 설정하고 가능한 한 그것을 구체화시켜 가는 일, 이것이 곧 인생 계획인 것이다.

과연 당신은 지금 어떤 인생 목적을 갖고 있는가. 가정의 행복,

사업의 번창, 안정된 생활, 경영자의 길, 전문 분야에서의 프로 등 여러 가지가 있을 것이다. 그러나 이것을 구체적으로 실행해야 하는 기술이 없으면 그야말로 꿈에 지나지 않는다.

인생 계획을 짠다는 것은 사업 계획을 짜는 것과 같다. 따라서 직장인이 인생 프로그램을 짜기 위해서는 다음과 같은 착안이 필요하다.

- 현실 : 현재 당신의 상황은 어떠한가.
- 목적 : 당신은 어떻게 되고 싶은가, 그리고 어떻게 인생을 끝마치고 싶은가.
- 목표 : 그것을 성취하기 위해서는 언제까지 무엇을 어떻게 할 것인가.
- 해결 방법 : 어떠한 해결 방법을 갖고 있는가.
- 시스템 : 구체적인 계획·실행 방법은 무엇인가.

시간은 순식간에 지나가 버린다. 하루빨리 목표를 설정하고 미래를 향해 어떤 순서로 움직일 것인가를 설계하는 것이 중요하다. 출발이 빠른 자가 선두를 달리는 것은 당연하다. 인생 경주도 이와 마찬가지이다. 우선 인생의 목적, 목표를 확실하게 설정하기 바란다.

자기개발로 몸값을 높인다

현대는 의료 기술의 발달로 '인생 100년'의 시대라고 할 수 있다. 국가나 기업 경영에서도 이에 대응한 사회 구조, 복지 구조로의 변혁이 요구되고 있음은 물론, 개인도 장수화 시대에 맞추어 인생을 의미 있고 보람되게 살아가기 위해 보다 건실한 인생 프로그램이 필요하다.

자기개발을 위한 인생 계획을 짤 때는 몇 단계로 나누어 구분해 볼 필요가 있다.

- 제1단계 : 학교생활과 학습의 시기
- 제2단계 : 취직 혹은 자영업 개업 후의 시기
- 제3단계 : 정년퇴직 후의 시기

흔히 직장인들은 정년 후 계획이 마련되어 있지 않거나, 설계되어 있다 하더라도 미흡한 경우가 많다. 하지만 '인생 100년' 시대에 살고 있는 현대인들에게 정년 후에 맞이하게 될 몇 십 년 동안의 계획은 이전 두 단계의 자기개발이나 혁신 계획보다 훨씬 더 중요하다. 항상심을 잃고 무미건조한 나날을 보내게 된다면 이는 죽은 인간과 다를 바 없지 않겠는가. 그럼, 여기에서 자기개발에 무관심한 이유는 무엇인가에 대해 지적해 본다.

- 현재에 만족하고 있다, 승진에 대한 희망이 없다.
- 자기 자신을 비하시킨다거나 열등감에 빠져 있다.

- 날마다 하루에 대한 반성도 없이 보내고 있다.
- 정신과 육체가 건전하지 못하다.
- 상사에게 불신감이나 반감을 가지고 있다.
- 적절한 교육 훈련을 받을 기회가 없다.

〈당신 능력의 정년은 몇 살인가〉

- 일에 도전하는 연령.............................20대
- 힘(실력)으로 승부하는 연령.................30대
- 기술로 승부하는 연령..........................40대
- 지혜로 승부하는 연령..........................50대
- 인망, 인덕으로 승부하는 연령.............60대 이상

회사 인간에서 프로사원으로 변신한다

최근 경영 환경이 급변하면서 약육강식의 생존 전략이 파급되고 있다. 특히, 무역 시장의 개방과 금융 자율화의 여파로 국제 경쟁은 가일층 격화되고 있다. 따라서 어떤 기업을 막론하고 성장 분야에 초점을 맞춰 새로운 업종, 업태의 개발을 서두르고 있다.

최근 한국 경제의 복합 불황으로 인해 기업들은 경영 전반을 재검토하면서 채산성 없는 부서나 공장은 과감히 폐쇄시키고 있다. 이와 병행하여 인사 파괴, 조직 파괴를 통하여 인사관리의 효율성

을 얻고자 심혈을 기울이고 있다.

경제가 저성장기에 접어들면서 우리나라 각 기업들은 새로운 사업 분야에서 필요한 인재를 중도 채용하거나 발탁 인사를 강행하고 있다. 이는 실력 있고 능력 있는 인재를 소수정예주의로 포진시키고자 하는 경영 의도에서 나온 발상이다. 일반적으로 한국 기업들은 이제까지의 혈족이나 학벌 등의 인사 정책으로부터 혼혈주의로 이행하면서 인재 유동화가 본격화되고 있다.

① 직장은 프로 인재사원을 필요로 한다

이제까지 국영기업 및 대기업 직원들은 종신고용의 혜택을 마음껏 누렸다. 그러나 점점 한 직장에 마냥 머물기가 어려워지고 있다. 따라서 각자 독자적인 전문 노하우를 갖지 못하면 생존 자체가 어려워질 것이다. 그러므로 직장인들은 직장 내외에서도 인정받을 수 있는 '스페셜리스트'로 자기개혁을 달성하여 직장에서 추진하는 새로운 분야로의 진출, 사내 전근 등 기업 변화와 인재 유동화에 보다 적극적으로 적응해 가야 한다.

② 스페셜리스트를 목표로 할 경우의 착안점

- 프로사원을 지향하되 '전문가 바보'는 곤란하다.
- 특정 전문 영역에서 전문적인 지식과 능력을 갖춘 직원이 된

다.(변리사 · 공인회계사 · 노무사 등)
- 기업 내에서는 조직의 전문화가 이루어지고 있다는 점을 감안하여 그 전문 영역을 지닌 프로사원을 지향한다.
- 최근 영업 · 생산 · 기획 등의 분야에서도 빠른 속도로 전문화가 진행되고 있다는 점에 주목한다.
- 프로란 투철한 직업윤리와 전문 영역에 대한 과학적인 수준을 유지하는 책임감을 가져야 한다.
- 자기 나름대로의 독특한 전문 분야를 확립하여 남과 차별화시킬 수 있는 실력을 갖춘다.

자기개발과 자기혁신을 추진한다

현대 직장인에게는 자기개발은 물론이거니와 자기혁신이 필요하다. 자기개발이나 자기혁신 없이는 성공이나 자기 향상은 기대하기 어렵기 때문이다. 또한 현실에 안주하고 있어서는 생산성도 오르지 않는다.

① 자기개발이 중요하다

자기개발을 위해서는 항상 배우는 자세가 되어야 한다. 자기 자신이 주체가 되어 현재의 자신을 레벨 업 시켜야 한다는 각오로 여가 시간을 활용하여 배운다.

〈자기개발법〉

- 일을 통하여 인간적인 성장을 한다. 기존의 틀을 깨고 큰일, 그리고 어려운 일에 과감히 도전한다.
- 목표를 설정한다. 목표와 목적, 주제를 명확히 정한 다음 장기적인 비전을 갖고 지속적으로 실행한다.
- 계획을 명확히 한다. 일이나 자기개발에 대한 계획을 구체화시킨 다음 실행에 옮긴다.
- 문제의식을 갖고 자신이 갖고 있는 지식이나 기능, 장 · 단점들을 분석한다. 문제가 발견되면 그것을 성장 에너지로 활용하여 새로운 기회를 창조한다.
- 기록을 남긴다. 항상 기록하는 습관을 들이고 반성하는 기회를 자주 갖는다.
- 부정적인 생각을 버린다. 사물을 긍정적이고 전향적으로 밝게 보도록 한다.
- 초조해 하지 않는다. 자기개발은 끈기 있게 한 발자국씩 확실하게 실행한다.
- 자기통제를 한다. 자신을 방치하지 않으면서 '체크 & 컨트롤' 을 실시한다.

② 자기혁신으로 차별화한다

자기혁신은 자기를 변화시키는 일로 우선 의식 개혁에서부터 시작한다. 마음이 의욕을 만들고, 의욕이 태도를 만들며, 태도가 행동을, 행동이 습관을, 습관이 인격을, 인격이 운명을 창조하는 것이다. 프로사원이 되기 위해서는 사회나 경제, 그리고 환경 변화에 신속하게 적응하면서 자기혁신을 시도할 줄 알아야 한다. 결론적으로 자기혁신은 다음 세 단계를 거쳐 도달할 수 있다.

1. 자기개발 → 배운다.
2. 자기개선 → 고친다.
3. 자기혁신 → 변화시킨다.

〈자기혁신법〉

- 자신을 직장과 일과 연관성 있는 자리에 놓는다.
- 자기를 변화시켜 과거의 관념이나 상식에서 벗어나 새로운 발상을 한다.
- 자기의 장점과 특기를 살린다.
- 자신의 신념과 신조, 철학을 확립한다.
- 업무(일)에 대한 편성이나 시스템을 바꿔본다.
- 일을 통하여 계획적으로 자신을 성장시켜 간다.
- '이렇게 돼야 한다!'를 목표로 자기 자신의 모습을 그려본다. 그러고 나서 그 목표를 향해 진행 과정을 순리대로 실행한다.

③ 독서를 통한 자기개발을 한다

미국 심리학자 윌리엄 라일리는 '25분 독서법'을 권장하고 있다. 그에 의하면, '인간의 주의집중 시간은 25분이 가장 효율이 높다.'고 한다. 따라서 매일 이런 방법으로 독서한다면 하루에 20페이지, 한 달에 2권의 전문서적을 읽을 수 있다는 결론이 나온다.

〈독서 시 유의 사항〉

- 목적에 맞는 책을 선택한다.
- 목적이나 문제의식을 갖고 탐독한다.
- 정보화·국제화 시대에는 자기분야밖에 모르면 도태되기 쉽다. 보다 폭넓은 독서로 새로운 정보를 재빨리 습득한다.

〈독서 후 기사 정리 방법〉

- 전문서·교양서·오락서·잡지·신문 등에서 업무와 관계된 기사 내용을 분류하여 수집한다.
- 중요 부분은 '정리 카드'에 요약한다. 신문·잡지 등의 중요 기사는 오려서 카드나 스크랩북에 분류해 놓으면 찾아보기가 용이하다.
- 책은 종류별 내용별로 분류·구분하여 서재에 보관한다. 도서별 색인표를 만들어 놓으면 책을 찾을 때 효율적이다.

직장생활에서 슬럼프를 극복한다

슬럼프란 일의 진척에 있어서 일시적인 부진과 마음의 부조화, 침체를 의미하며 인간이라면 누구나 직장생활뿐만 아니라 일상생활 속에서 몇 번씩은 경험하는 일이다. 슬럼프에 빠지게 되면 일하기가 싫어지고 매사 의욕을 잃는 수가 많다. 슬럼프의 원인은 신체 컨디션의 불량, 정신적인 피로, 생활상의 불안, 가정 불화, 업무상 난관에 봉착했을 경우 등이다.

〈슬럼프 극복 방법〉
- 기분 전환을 위한 여행을 한다.
- 새로운 정보나 기술을 배우도록 한다.
- 업무의 기본을 재검토해 본 후 새출발한다.
- 발상을 새롭게 해본다. 새로운 각도에서 유연하게 발상해 보고 그리고 나서 행동한다.

직장생활을 하다 보면 여러 가지 경험을 하게 되는데, 즐겁고 좋은 일도 많지만 어렵고 힘들어 스트레스를 받는 경우가 더 많이 있을 수 있다. 직장생활이 갑자기 재미없어지는 등의 슬럼프는 보통 과거 경험에 비춘 현실적 기대감의 저하로 나타날 수 있다.

슬럼프 현상이 본인에게 나타나면 먼저 본인의 심리적인 면을 자극하는 외부 요인이 무엇인가를 정확히 파악하는 것이 중요하다. 우리가 한 곳에만 머무르지 않고 더욱 성장 발전하기 위해 어차피 넘어야 할 고비가 있다면, 그 고비를 넘기고 극복하기까지 수많은 난관은 별 문제가 되지 않는다는 환경 극복의 노력이 필요하다.

이러한 슬럼프를 극복하려면 우선 자신 있게 할 수 있거나 조금이라도 만족을 느낄 수 있는 부분에 적극적으로 도전하여 성취감을 느껴보도록 한다. 그리고 규칙적인 생활과 적당한 스포츠 활동 등의 여가 활동을 통하여 심신의 피로를 풀고 새로운 힘을 불어넣을 수 있는 추진력을 보강하여 슬럼프를 극복하는 방법도 있다.

사람은 변화를 좋아하고 변화에 살며 이 변화를 계기로 의욕이 솟고 성장 발전할 수도 있다. 어느 날 갑자기 모든 것이 귀찮아지고 재미없어질 때 휴가를 내서 조용히 명상의 시간을 갖거나 여행을 떠나보는 것도 좋을 것이다. 지금 나의 위치를 돌이켜보며 반성할 것은 반성하여 자신의 일에 자부심과 긍지를 부여해 보는 시간이 필요하다고 본다. 또 다른 방법으로는 즐거웠던 일들을 먼저 되새겨보는 방법도 있다. 칭찬받았을 때나 어려운 일이 생겨 동료들과 힘을 합쳐 해결했을 때 등 흐뭇한 감정을 느꼈던 때를 되새겨보고 나면 한결 활기를 되찾을 수 있을 것이다.

자기혁신 · 자기개발에 주력한다

직장인이나 사회인으로서 자기 자신을 최대로 성장시키면서 보다 보람되게 살아가기 위해서는 다음 3가지 요소가 필요하다.

- 목표화 : 오늘을 보다 충실하게 생활함과 동시에 미래의 알찬 생활을 위해 자기개혁 목표를 갖는다.
- 계획화 : 자기개혁을 위해 구체적인 계획을 세운다.
- 행동화 : 무슨 일에든 성공하기 위해서는 행동을 지속시킬 수 있는 자기관리가 중요하다.

〈자기관리를 위한 착안 사항〉

- 환경분석 : 환경이 사람을 만든다. 가정 · 직장 · 일과 관련하여 상사 · 동료 · 친우 등을 분석한다.
- 자기분석 : 자신이 보유한 지식 · 기능 · 태도 · 습관 · 장점 · 단점 등을 분석하고 파악한다.
- 자기관리 계획 : 자신이 목표로 하는 생활 · 태도 · 능력을 설계한다.
- 자기기능의 재구축 : 자기 자신에 대한 결점 개선 · 지식 · 기능 등을 재편성하여 생각한다.
- 자율 활동 : 자기기능의 재편성을 일상적인 활동 속에 포함시켜 구체적으로 실행에 옮긴다.

- 자기조절 : 자기개혁의 효과적인 실행을 위해 능력, 활동력, 시간 등을 조정한다.
- 자기통제 : 자신을 내팽개치지 않고 '체크 & 컨트롤' 한다.

문제의식이 강한 직장인

06

01 항상 문제의식을 갖는다

직장 업무에는 개선을 필요로 하는 문제가 많지만 이러한 문제를 인식하지 못하는 경우가 많다. 평소 목표의식과 문제의식을 갖고 있지 않으면 문제를 발견할 수 없다. 특히 능숙함과 전문 지식 등 자신의 업무에 대한 과신으로 인해 오히려 문제를 방치하는 경우가 많다.

여기에서 문제란 '목표와 현실 사이에서 발생하는 차이'를 말한다. 따라서 조직 목표가 높을수록 문제의 발생 소지가 높다. 그러므로 항상 현재에 만족하지 않고 기본적인 것에서부터 의문을 갖고 업무를 추진해야 한다.

조직의 문제를 발견하기 위해서는 다음과 같은 착안이 필요하다고 본다. 대체로 문제를 발견하지 못하는 사람은 자기본위나 무사안일에 빠지기 쉽다.

- 부서의 목표와 방침은 이대로 좋은가?
- 사업 계획 · 부문 계획 · 실적 등은 괜찮은가?
- 업무 진행 방법 · 수단은 어떠한가?
- 업무 지식 · 기술 · 능력은 좋은가?
- 업무에 대한 책임과 실적은 좋은가?
- 업무에 대한 의욕 · 행동은 좋은가?
- 업무에 대한 과제 · 연구 · 개선은 어떠한가?

문제 해결을 통해 창의력 개발에 노력한다

02

대체로 직장에서의 문제는 발생되는 내용에 따라 다음 3가지로 분류할 수 있다.

- 발생형 문제 : 일상적인 활동 중 어떠한 원인으로 인해 목표 · 계획 · 일정 · 기준 등과 비교해 상이함이나 차이가 발생하는 경우이며, 나아가 사고 · 불량 · 불평 등이 발생했을 때 나타나는 문제이다.

- 발견형 문제 : 업무 수행 도중 업무 지연이나 효율 저하, 분담과 책임의 불명확, 직장 내 사기 저하 등 예기치 못했던 문제가 발생한다. 각 문제점이 지닌 원인을 밝혀내고 개선을 도모해야 목표 달성을 할 수 있다.

- 발굴형 문제 : 매일 반복되는 정형화된 업무에 빠지게 되면 아무런 문제점도 느끼지 못할 뿐만 아니라 문제의 소재도 확

실치 않게 된다.

그러나 '지금까지의 방법으로는 곤란하다.' '좀 더 효율적인 방법이 필요하다.' '미래를 위해 근본적인 개혁이 필요하다.' 라고 왕성한 개혁 의지를 갖게 됨으로써 발견되는 문제가 있다. 문제를 해결할 때에는 그 문제의 종류와 본질을 정확하게 파악하여 대응해야 하지만 개선, 개혁의 성과는 문제 해결이 아니라 발굴형과 같이 새로운 창의력 개발을 중요시하도록 한다.

문제란 추상적이고 관념적인 것을 현실적으로 다루는 일이다. 대략적이고 추상적인 문제는 구체적이고 세부적인 문제점을 파악하여 이것을 전 직원이 인식해야 직장 내 문제를 효과적으로 해결할 수 있다.

문제는 첫째 자신의 힘만으로 해결할 수 없고, 둘째 비현실적이며, 셋째 해결에 시간이 걸릴 뿐만 아니라 목표가 뚜렷하지 않은 경우가 많다.

문제점은 해결의 실마리가 된다. 즉 첫째 무엇을 해결하고 싶은가가 확실하며, 둘째 구체적·세부적으로 문제가 한정되어 있다. 셋째 누구나 잘 알고 있다. 스스로가 절실히 해결을 바라는 것이다. 넷째 몇 개월이면 해결 목표가 세워진다.

따라서 다른 사람에게 맡겨서는 해결할 수 없고 직장 내에서 자신들이 주체가 되어야 한다. 여기에서 문제를 명확하게 하기 위해서는 추상적 · 관념적이 아니라 구체적 사실 혹은 사건으로 취급한다.

첫째 언제 · 어디서 · 무슨 일이 있었는가? 둘째 그 사건으로 누구에게 영향을 미쳤는가? 셋째 업무상 어떠한 결과를 초래했는가 등을 파악한다.

문제점의
핵심 내용을 파악한다

03

① 개선을 필요로 하는 내용

- 업무 비용 : 비용이 지나치게 많이 든다.
- 업무의 질 : 품질이 떨어진다. 클레임이 많다.
- 업무량 : 수량이나 빈도가 많고 복잡하다.
- 업무 기간 : 기간이 길고 늦다.
- 업무 생산성 : 많은 노력을 필요로 하는 만큼 효율이 높지 않다.
- 업무 안정성 : 작업 환경이 열악하다. 매연·소음·악취·통풍·채광이 좋지 않다.
- 업무 효율 : 일처리 방법이 제각기 달라 일관성이 없다. 수작업을 필요로 하고 능률이 떨어진다.
- 업무 낭비 : 노동력·자재·시간의 낭비가 많다.
- 업무 위험성 : 사고가 빈번하고 미숙련자가 많다.

- 도덕성 : 직원들의 지각 · 조퇴 · 결근율이 높다.

② 개선 목표를 세운다

- 좀 더 싸게 할 수는 없을까?
  - 항상 원가 의식을 가지고 성과와 비용을 비교 검토한다.
  - 인력 · 재료 · 시간 · 비용 등을 효율적으로 활용.
- 좀 더 바르고 완전하게 할 수는 없을까?
  - 업무 방법을 표준화, 매뉴얼화하여 철저하게 훈련시켜 정확도 높은 업무를 진행한다.
  - 업무 계획과 준비를 철저히 하고 수행 과정에서는 작업 체크리스트를 이용 · 점검하고 실수나 불량품을 사전에 방지한다.
- 좀 더 빠르게 할 수는 없을까?
  - 작업 방법 · 양식 · 제도를 재검토해서 표준화 · 간소화한다.
  - 기계화 · 자동화를 고려해 본다.
- 좀 더 즐겁게 할 수 없을까?
  - 업무 방법을 통일하고 표준화 · 단순화한다.
  - 작업 환경을 개선하고 충분한 휴식을 준다.

③ 업무 개선의 원칙을 숙지한다

- 목적 추구의 원칙 : 업무의 목적과 현재 하고 있는 업무와의 관련을 파악한다. 눈앞에 있는 것만 보게 되면 스케일이 작아진다. 발본적인 개선이 필요하다.
- 선택의 원칙 : 개선·개혁은 다각적으로 생각한다. 여러 가지 방법으로 비교 검토해 보고 최적안을 선택한다.
- 최적화 원칙 : 업무의 최종 목적과 일치한 최적안을 선택한다. 기술적·경제적으로 문제가 없는 것을 선택한다.
- 동기 부여 원칙 : 개선안의 실행 효과를 올리기 위해서는 상사·동료·후배에게 알리고 사전 교섭을 통하여 동기 부여를 한다.

문제점을 적극적으로 해결한다

04

① 문제 해결의 단계

- **현실을 올바로 파악한다.**
  - 현장 · 실물 · 현실 등을 있는 그대로 파악한다.
  - 과거의 데이터나 자료를 수집하고 관계자로부터 의견을 듣는다.
  - 평소 불편했다거나 개선하고 싶었던 점이 있으면 잘 듣고 메모해 둔다.
- **업무 내용을 검토한다.**
  어디에 문제가 있는가를 파악한다. 비용 · 품질 · 수량 · 빈도 · 시간 · 생산성 · 안전성 · 효율 · 거리 · 경로 등의 문제점을 규명한다. 문제점을 명확히 밝히고 모든 직원이 인식하도록 한다.

- 개선안을 세운다.
  - 문제를 정리해서 중요성 · 긴급성 · 욕구성 · 주체성 · 효과성 중에서 우선순위를 정한다.
  - 불필요한 부분은 제거한다거나 통합할 수 있는 것을 결합하거나 합리적인 순서 배열을 시도해 보는 등 대책을 강구한다. 일의 간소화 · 표준화 · 능률화를 기할 수도 있다.
- 개선안을 추진한다.

  실시 계획 · 순위 · 방법을 정한 다음 관계자의 협력을 얻어 실행한다. 실행 후 반응과 효과를 검토하고 실효성 있는 것으로 선택한다.

② 문제 해결의 자세

- 문제 발굴형으로 문제 해결안을 창출해 내는 자세가 중요하다.
- 주체적인 입장에서 적극적으로 문제를 해결한다.
- 지시받았기 때문에 어쩔 수 없이 한다는 소극적인 자세는 버린다.
- 문제에 대해 평론가처럼 이론만 따져서는 안 된다. 방관자적인 태도는 과감히 던져버린다.
- '이렇게 하자, 저렇게 하자.' 등 탁상공론과 방대한 슬로건은 내걸지 않는다. 실행 가능한 구체안을 생각한다.

- '마음 자세가 나쁘기 때문'이라는 등 비논리적인 이유로 문제 해결을 하지 않는다. 업무 구조와 시스템 등 과학적 입장에서 문제를 파악해야 한다.
- 개인적인 테크닉만으로는 한계가 있다. 문제는 직장 조직의 전체적 움직임에 있는 것이다.
- 다른 사람에게서 배운다. 안테나를 넓게 쳐놓고 정보를 수집하여 좋은 방법을 겸허한 자세로 배운다.

05 참신한 발상으로 개선에 임한다

사례로서 미국의 대통령이었던 카터가 조지아 주 주지사 시절에 '제로베이스 예산'이라는 예산 제도를 채용하여 주정부 행정의 질을 저하시키지 않으면서 행정비를 반감시키는 데 성공함으로써 '제로베이스 발상'이 본격적으로 도입되었다.

① 제로베이스 예산

- 과거의 실적에 관계없이 사업을 올바로 평가해서 모든 것을 제로 수준에서 재편성하는 방식이다.
- 경비를 추가시키지 않고 처음부터 재검토한다.
- 업무 전체를 재검토하고 중요도에 따라 순서를 정한다.
- 전년도 실적은 생각하지 말고 제로로 돌아가 우선순위 높은 것부터 순서를 정한다.

- 기존 업무에 기득권을 주지 않는다. 신규 업무와 일직선상에 올려놓고 검토한다.
- 우선순위에 따라 예산을 배분하고 나머지는 무시한다.

② **제로베이스 발상의 이점**

- 기득권이나 정실을 인정하지 않는다.
- 예산 검토 단계에서 업무의 내용과 구조, 실적이 체크된다.
- 항상 업무와 예산에 대한 재검토가 실시되어 예산 경직화를 방지할 수 있다.
- 모든 사업을 제로에서부터 생각하기 때문에 매너리즘에 빠지는 것을 방지할 수 있다.
- 사업 전개에 발상 전환과 의식 혁신이 요구된다.

06 문제 발견을 위한 인간 정보를 활용한다

문제 해결을 위해 매스 미디어나 각종 인쇄물로부터 정보를 수집하는 방법 외에도 주위의 사람들이나 본인 자신을 활용하는 방법이 있다.

자기 자신을 활용하는 것을 커뮤니케이션이라고 표현할 수 있다. 그러나 상품을 구입할 때 그것의 필요성 여부를 신중히 검토한 후 행동으로 옮기게 된다. 그와 같은 경우에 자신이 보내는 자가 되고 동시에 받는 자가 되어 커뮤니케이션을 하게 된다. 즉 커뮤니케이션의 상대는 타인이기도 하며 자신이 되기도 하기 때문이다.

예로 일본의 이시카와 경영 진단사는 정보를 '상품 정보'와 '인간 정보'로 구분했으며 '상품 정보는 돈으로 살 수 있지만, 더욱 중요한 것은 돈으로 살 수 없는 인간 정보이다.'라고 말했다. 이는 결국 인간 사이의 커뮤니케이션이 얼마나 중요한가를 표현한 말이다. 예를 들면 관혼상제에 관해서는 옛날 어른들의 말씀이 좋은 정보가 되기도 했다. 문자가 없었던 옛날에는 기록하는 기술이 뒤처져 있었기 때문에, 말에 의한 전달에 의존할 수밖에 없었다.

오늘날은 문자는 물론 인터넷 사진이나 녹음, 녹화 테이프 등 모든 기록 장치를 활용할 수 있는 시대가 되었지만, 소문의 가치는 결코 줄어들지 않았다. 오히려 아직까지도 소문에 의한 정보 수집이 많으며, 기록 장치를 활용하는 것은 그 이후라는 생각이 지배적이다.

필자의 경우도 소문에 의한 네트워크를 매우 중요시하고 있다. 그리고 동아리 활동이나 잡담을 통한 정보 수집은 자연스럽게 타인의 지혜를 빌리는 경우가 많다.

또 소문에 유의하면 사내의 정보는 물론 여러 가지 업무와 관련된 문제점, 업무 이외의 자사와 관련된 정보에 대해서도 정확한 파악이 가능하다. 그리고 연초에 받는 연하장도 유력한 정보 네트워크망이 된다고 볼 수 있다.

말에 의한 정보 수집에 강해지기 위해서는 무엇보다 인터뷰에 능숙하지 않으면 안 된다. 지금까지 필자가 문제점 도출을 위한 인터뷰는 다음과 같은 사항을 실천함으로써 얻은 좋은 결과이다. 여기에 나열된 주의 사항은 개인 면담이나 그룹 인터뷰 시에 적용해도 무방하다.

① 자연스러운 분위기를 조성한다

처음부터 본론으로 들어가지 말고, 자기소개나 인사 등 신변에 관한 대화부터 시작하여 상대방과의 편안한 분위기를 만드는 것이 좋다.

② 최대한 듣는 입장이 된다

인터뷰를 하는 사람은 어디까지나 원하는 답변을 끌어내야 하기 때문에 사전에 철저한 준비가 있어야 한다. 자신의 의견을 말하는 것은 원칙적으로 인터뷰에 응하는 사람으로부터 질문을 받았을 때만 해야 한다.

③ 선입관을 버린다

선입관을 가지고 인터뷰를 하면 왜곡된 답변을 들을 수도 있으니 주의해야 하며 유도 질문도 피해야 한다.

④ 질문의 순서를 정한다

처음 질문은 가볍게 대답할 수 있는 것으로 하고, 까다롭거나 답변을 꺼리게 될 질문은 나중에 하도록 한다.

⑤ 기록을 한다

미리 질문할 사항을 메모해 두는 것뿐만 아니라, 거기에다 인터뷰 사항을 정확하고 간단하게 메모하는 습관을 들인다. 그래야 나중에 내용을 정리할 때도 유리하고, 남겨진 문제의 정리에도 도움이 된다.

⑥ 공감대를 형성한다

상대의 입장에서 대할 뿐만 아니라, 공감을 갖고 있는 부분은 즉시 수긍하는 표현을 한다.

⑦ 질문법에 유의한다

대답이 'Yes'나 'No'로 정해져 있을 경우에는 '선택법(A인가, B인가)'과 같은 질문법이 좋다. 그러나 자유롭게 응답을 요할 경우에는 상대의 답변이 질문 내용에서 벗어나지 않도록 잘 유도하여 이끌어 나간다.

⑧ 답변의 질을 체크한다

어느 정도 성의를 가지고 대답하고 있는가를 알아보기 위해서 간격을 두고 같은 내용을 다른 방향에서 질문해 보는 것도 필요하다.

⑨ 답변을 중단하는 것도 타이밍을 잘 맞춘다

상대방의 말투나 태도에 초조함이 보이면 잠깐 중단하도록 한다. 이를 위해서는 항상 주의해서 상대방에 대한 세심한 관찰을 하여 적당한 타이밍을 놓치지 않도록 해야 한다.

인터뷰에 의한 문제 발견, 정보 수집에는 주고받는 식의 대화가 중요하다. 이것은 특히 관찰 등 상대로부터 뭔가를 찾아내려고 할 때 유리하다. 상대로부터 무조건 정보를 받아들이는 것만으로는 상대방이 만족하지 않는 경우가 많다. 인터뷰하는 당사자도 가끔은 사람 정보로서 상대방에게 질문을 받아 답변을 함으로써 평가를 받아보는 것도 필요하다.

07 자존심은 문제 발견에 방해가 된다

::

    직장에서는 누가 어떤 정보를 잘 알고 있는지, 그리고 다른 부서에는 어떤 변화가 있으며, 어떤 회사와 어떤 문제로 접촉하고 있는지 등의 수많은 정보가 존재한다. 그러나 이런 정보에 대해 부서 직원들은 좀처럼 입 밖에 내지 않는다. 그래서 정보 수집에는 나름대로 독자적인 후각이 필요하다.

    이를 위해서는 직원 식당이라든가 회사 주변 커피숍 등에서 누구의 옆에 앉을 것인가를 예상하고 앉거나 정보를 알고 있는 사람의 스케줄에 대해 잘 알고 있다면 그 사람이 눈치 채지 못하게 접근하여 요즘 업무가 어떻게 돌아가는지 질문해 보는 지혜를 발휘해 보는 방법도 있을 것이다. 이것은 매우 전략적인 방법으로써 부지런하지 않으면 시도하기 어렵다. 이런 식으로 정보 수집을 성실하게 할 수 있다는 것은 일종의 천부적인 재능이라고 할 수 있을 것이다. 예를 들면 자신의 회사에서 L 과장은 몇 년도에 입사했고, P 과장은 그보다 일 년 선배라는 식으로 선천적으로 인사에 관심을 가지고 있는 사람은 더 나아가 회사의 H 부장은 몇 년도 어느 대학을 졸업했는지, K 사장은 몇 년도에 졸업했고 E 사장보다 3년 선배라는 점도 상세히 알고 있다. 이런 사람은 국회의원 이름을 들으면 어느 정당에 속해 있는지를 소상히 알고 있으며 또한 여러 정당을 막론하고 비상하게 정통하다.

그것은 이미 선천적인 능력이라고 표현할 수 있다. 그들은 무언가 출세를 생각하고 인사를 탐지하고 다니는 것은 아니다. 그런 사람은 천재다. 선천적으로 그러한 정보가 머리에 들어와 정보로써 정리되는 사람은 문제가 없겠지만, 일반인이 그러한 정보를 수집한다고 하면 그것에 따른 노력이 상당할 것이다.

그런 노력을 하기 위해서는 자존심을 버려야 한다. 흔히 남의 정보를 캐내는 것은 치사하다고 생각하는 경우가 많다. 뭔가 탐지하며 다니는 것은 자신의 부서 업무를 보다 생산성 있게 해보자는 생각이지만 통상적인 가치관으로는 주어진 자신의 업무를 한눈팔지 않고 전력투구하는 것이 프로사원답고 멋지다고 생각한다.

그러나 남들이 무슨 생각을 가지고 있는지, 경쟁 회사 또는 라이벌 회사가 자기 회사를 위해 무슨 계획을 세우고 있는지조차 모르고 있다면 그런 사람, 그런 회사는 상대에 의해 존재 가치를 위협받게 된다. 정보를 손에 쥐고 있다는 것은 상대보다 한 단계의 더 높은 계획을 세우고 전략을 구사할 수 있는 발판이 된다는 점에서 정보를 캐기 위해서 눈을 반짝이는 것을 부정할 필요는 없는 것이다.

결론적으로 정보를 수집할 때는 자존심을 버려야 하므로 자존심과의 싸움이 발생하게 된다. 따라서 무엇보다 문제 발견을 위한 정보 수집은 보다 체계적, 전략적으로 추진할 필요가 있다.

회의를 잘하는 직장인

07

생산적인 회의를 한다

01

　회의나 연수회 등 사람이 많이 모이는 집회에서는 무엇보다 시간을 엄수하도록 한다. 많은 사람이 출석하는 회의나 연수회에 지각하는 것은 자신의 시간을 낭비할 뿐 아니라 타인의 시간도 낭비하게 만든다. 일이 바빠서라는 이유는 시간을 지킨 사람들을 두 번 상처주는 행위이다. 왜냐하면 그곳에 참석한 모든 사람들도 바쁜 사람들이기 때문이다.

　여기에서 회의(conference)란 여러 사람이 일정한 장소에 모여 각자의 의견이나 생각을 말로써 교환하여 어떠한 공통된 결론에 도달하는 것을 말한다. 따라서 회의를 생산적으로 진행하기 위해서는 다음과 같은 사항을 착안하도록 한다.

① 회의에는 도달해야 할 목적이 있다.

목적 없이 하는 이야기는 잡담에 불과하다. 보통 '어긋난 의견의 조정' '문제 해결' '정보 전달' '기획' '통제' 등의 목적을 갖고 회의를 하는 경우가 많다.

② 회의 출석자는 3명 이상이다.

③ 회의에는 토의가 있다.

의견 교환은 회의의 기본적 요소이다. 참가자 전원이 자신의 의견이나 경험을 충분히 발표하여 보편타당한 결론을 이끌어낸다.

④ 결론은 참가자 전원의 결론이 아니면 안 된다.

지위나 권력을 가진 소수 특정인의 압력에 의해 결정되어서는 안 된다. 즉 참가자 전원의 승인을 얻은 '공정한 결론'이어야 한다.

'세 사람이 모이면 탁월한 지혜가 나온다.'는 명언처럼 한 사람의 생각보다는 여러 사람의 생각으로 더 좋은 결론을 내릴 수 있을 뿐만 아니라 서로 간에 연대감도 가질 수 있다. 회의가 가진 의미는 바로 여기에 있다.

회의는 회사의 입장에서 부서의 방침이나 경영 방침, 행동 방침을 결정하는 등의 형식적인 것을 의미한다.(넓은 의미로는 미팅에 포함된다.) 그리고 미팅이란 의사소통, 정보 교환, 인간관계 도모를 목적으로 한 회합이나 모임을 말한다.

혼자서 생각하는 것보다 여럿이 모여 생각할 때 훨씬 바람직한 지혜를 얻을 수 있다. 회의를 통해 얻을 수 있는 이점은 다음과 같다.

- 문서만으로는 아이디어를 얻을 수 없다.
- 중지를 모아 공정한 의견을 모은다.
- 많은 의견과 정보를 나눔으로써 상호 계발을 도모한다.
- 의사소통을 통해서 상호 간의 이해가 깊어진다.
- 공통의 장에서 대화함으로써 협동심이 강해진다.
- 결정에 참여함으로써 책임감이 높아진다.
- 직장 문제에 대해 관심이 깊어진다.

02 회의 목적과 중요성을 안다

종종 볼 수 있는 일로 한국 기업에서는 회의나 연수회 등이 정각(정시)에 시작되는 것이 오히려 신기할 정도라고 느껴질 때가 있다.

흔히 상습 지각자는 사장, 전무, 부장급 등 위로 올라갈수록 증가하는 경향을 볼 수 있는데 그런 상위층 상사일수록 '시간은 돈이다.'라고 역설한다. 따라서 윗사람일수록 회의 목적과 중요성을 자각할 필요가 있다.

① 회의의 종류

• 자유 회의 : 참가자 전원이 자유롭게 의견을 교환하고 만장일치로 결론을 이끌어낸다. 회의의 리더가 진행상 가해지는 통제를 최소한으로 한다.

- 통제 회의 : 어떤 문제에 대해 미리 객관·보편적인 결론을 내려놓고 참가자에게 토의를 시켜 전원의 생각을 들어본 후 승인을 얻는 방식이다. 자유 회의에 비해 통제가 심해진다.

회의의 목적은 첫째 참석자의 의사소통을 가져오고, 둘째 참석자의 연대 의식을 확립하며, 셋째 참석자의 지혜를 모으고, 넷째 참석자의 의견을 통일하며, 다섯째 참석자의 역량을 업무에 집중시키고, 여섯째 기업 발전의 업무를 위한 회의를 진행하도록 해야 한다.

② 토론 회의

참석자의 지식이나 경험을 통해 의견이나 사고방식을 교환하면서 진행하는 회의이다.

- 조정 회의 : 이해관계나 견해상 대립되는 그룹의 모든 활동을 일정 방향으로 통합·융화·협조하도록 이끈다.
- 문제 해결 회의 : 참가자의 의견과 사고방식을 교환하여 문제에 대한 결론을 내린다.
- 지도 회의 : 어떠한 문제와 관련된 경험자의 능력을 향상시키려는 목적 하에 실시된다.

③ 정보 전달 회의

이것은 참가자가 모르는 지식과 정보를 리더가 전달하여 토의하거나 결정하는 방식이다.

〈회의의 7악七惡〉

- 패의貝議 : 함묵하고 이야기하지 않는다.
- 회의回議 : 책임 회피. '나 자신은 반대했는데 회의에서 그렇게 결정났기 때문에.' 라고 말한다.
- 회의悔議 : 나중에 후회한다. '그때 말했으면 좋았을 텐데.' 하고 후회한다.
- 괴의怪議 : 몇몇 특정인이 분위기를 휘저어 놓는다. '이의 없으십니까?' '이의 없다.' 식으로 분위기를 유도해 나간다.
- 해의害議 : 오히려 나쁜 결과가 나오게 되므로 하지 않는 편이 좋은 회의.
- 해의傒議 : 의문투성이 회의.
- 귀의壞議 : 오합지졸식 회의.

03 회의석상에서의 매너를 숙달한다

회사에서 회의를 하지 않는 곳은 없다. 회사가 크든 작든 회의는 정기적으로 개최되고 있다. 회사가 크면 클수록 회의를 행하는 횟수는 증가한다. 회의를 성공시키기 위해서는 리더의 지도력과 참가자의 협력이 있어야 한다. 회의에서의 예의와 규칙을 지키면서 실속 있는 회의를 진행한다.

① 회의 참가자의 기본자세

- 회의 목적을 파악하고 충분히 준비한 후 참가한다.
- 회의 개시 시간 5분 전까지 도착한다. 사정상 늦을 때에는 미리 연락한다.
- 토의에 적극적으로 참가한다. 발언할 때는 의장의 허가를 얻어서 한 사람씩 발언하도록 한다.

- 발언할 때에는 핵심만을 명확하게 설명한다.
- 의견을 간략하게 정리해서 이야기한다.
- 다른 사람의 발언 중에 말허리를 자르거나 말꼬리를 잡아서는 안 된다.
- 반대 의견에도 겸허하게 귀를 기울인다.
- 감정적이고 충동적인 말로 타인에게 상처를 주는 발언을 해서는 안 된다.
- 리더나 타인의 발언과 진행에 충분히 주의를 기울이고 협조적인 태도를 보인다.
- 타인의 의견을 일단 반대부터 해놓고 보는 식의 회의는 갈등만 증폭시킨다. 서로가 마음을 열고 이야기하고 남의 이야기를 들어주는 자세여야 한다.

② 회의 참가자 체크리스트
- 회의 안내문을 잘 읽고 주제를 충분히 이해했나?
- 회의 출석에 필요한 자료와 의견을 정리했는가?
- 회의 시작 일시, 장소를 확인하고 개회 시각에 늦은 일은 없었는가?
- 회의에 늦거나 도중에 자리를 비울 경우에는 사회자의 양해를 얻었는가?

- 마음을 열고 공정한 의견을 내세웠는가?
- 타인의 의견에 겸허하게 귀를 기울였는가?
- 다른 사람의 말꼬리를 잡거나 세부적인 것에 구애되어 큰 것을 잊지는 않았는가?
- 자기주장을 지나치게 내세우지는 않았는가?
- 의자나 테이블을 움직이거나 소리내지는 않았는가?
- 인신공격이나 감정적인 발언을 하지는 않았는가?
- 옆 사람과 잡담하거나 남을 험담하지는 않았는가?
- 테이블에 팔을 얹고 턱을 괴거나 의자에 깊이 기대앉는 등 자세를 흐트러뜨리지는 않았는가?
- 발언 도중 사람들이 웃었다고 해서 수치심을 가지고 이야기를 멈추지는 않았는가?
- 현실적이고 협조적인 발언을 했는가?

③ 회의석상에서 언급해서는 안 될 내용
- 이론대로라면 그렇게 될 것이다. 그러나 실제로는 그렇지 않다.
- 그 생각은 지나치게 비약되었다. 그렇다면 지나치게 변화가 심할 것이다.
- 그런 일은 상사가 허락하지 않을 것이다.

- 우리 회사에서는 무리다.
- 비용이 너무 많이 들어 예산상 아무래도 무리다.
- 우리 업무는 특수하기 때문에…….
- 그것은 시기상조다.
- 이전에도 해보았지만 잘 되지 않았다.
- 농담이 아니다. 해보지 않아도 알 수 있다.
- 그것은 회사의 방침과 어긋난다.

회의 설득 기술을 숙달한다

04

① 설득의 4가지 타입

- 위협적 설득 : '우리 말대로 하지 않았으니까 이쪽에서도 생각이 있습니다.' 라고 공포심을 불러일으키는 방법.
- 이익적 설득 : 말하는 대로 한다면 담보를 주겠다고 유혹하는 방법.
- 이론적 설득 : '우리를 도와주면 생각해 주겠다.' 라고 하는 애원형 방법.
- 심리적 설득 : 상대방의 자존심 · 자주성에 호소하는 방법으로 인간성을 중시하는 방법.

② 설득이 갖는 이점

강제나 명령이 아니라 상대방을 자발적으로 행동하게 하는 심리적인 설득법이 바람직하다.

- 상호 간 공통된 목적 달성의 입장을 인식하고 일치점과 대립되는 점을 확실히 파악한다. 상대방이 갖고 있는 기대와 욕구를 이해하여 이야기를 진행해 나간다.
- 단번에 성과를 올리려고 초조해 하지 말고 단계적으로 진행해 간다.
- 성의와 열의를 가지고 상대방의 불안과 의구심을 제거한다. 통계와 자료를 이용하여 상대로 하여금 최대한 신뢰할 수 있게 노력한다.
- 충분히 이야기를 시켜 빨리 설득점을 발견한다.
- 흑백 결론을 내리기보다는 상대방의 정서에 호소하여 솔직하게 협조를 의뢰한다.

<아리스토텔레스의 설득력 3요소>

- **설득자의 인격**

  지 · 정 · 의에 뛰어나고 인간적인 매력이 있으며 직장에서는 넘치는 의욕과 책임감을 가지고 일하는 사람은 다른 사람으로부터 신뢰를 얻을 수 있고 설득력이 강하다.
- **상대방에게 호감을 준다**

  호의와 성의를 가지고 사람을 만난다. 인간은 감정의 동물이기 때문에 사람들로부터 협조를 받을 수 있을 것이다.

- 사리에 맞는 논지

  검은 것을 희다고 우겨서는 안 된다. 사리에 맞는 논지를 가
  지고 평이하고 온화한 태도로 데이터와 근거를 제시하면서
  설명하여 상대방을 납득시켜 행동으로 옮기게 한다.

05 웅변보다는 화술에 능숙해진다

① 화술에 대한 열등감을 버린다

업무에 익숙해지면 아무래도 회의나 모임에서 이야기할 기회가 많아진다. 이러한 경우 '이야기를 잘 못하기 때문에…….' '가슴이 두근두근 떨려서…….' 등의 이유를 대면서 사양한다면 프로사원이라고 할 수 없다. 우선 이러한 태도부터 버려야 한다. 자신의 업무에 자부심을 가지고 발언하도록 한다.

② 말을 잘해야겠다는 욕심을 버린다

웅변가가 되어 청중을 감동시키겠다는 생각을 버리고 자신의 생각을 솔직하게 이야기하면 된다. 지나치게 힘을 주거나 경직되지 말고 평상시 가족이나 친구와 이야기하는 어조로 이야기한다. 감언이설로 상대방을 유혹하기보다는 성심성의껏 이야기하고 싶은 내용을 빼놓지 않고 정확히 전달한다. 비록 이야기를 잘하지는 못해도 성의와 열의를 가지고 이야기한다면 상대방에게 감명을 줄 수 있을 것이다.

③ 목적에 맞는 스피치를 연구한다

- 설명 : 상대방을 잘 이해시킨다.
- 설득 : 상대방을 납득시켜 이쪽의 생각대로 자발적으로 행동하게 한다.
- 의뢰 : 상대방에게 '무엇인가'를 의뢰해서 해주도록 간청하는 것으로 설득적 요소가 포함되어 있다. 상대방이 받아들여 완수했을 때 비로소 목적이 달성되는 것이다.

④ 짧은 스피치의 이점을 안다

공적인 일과 사적인 일의 구분 없이 현대 사회에는 많은 사람들 앞에서 이야기할 기회가 점점 많아지고 있다. 이때 다음과 같은 사항을 착안하도록 한다.

- 이야기의 목적을 확실히 한다. 축사인지 자기소개인지 그 장소에서 무엇을 이야기해야 하는지 목적에 맞는 이야기를 한다.
- 쓸데없는 이야기는 하지 않는다. 서론은 필요 없고 단도직입적으로 본론에 들어간다.

- 이야기를 압축시킨다. 이것저것 많은 것을 이야기하려고 욕심을 부리지 않는다. 상대방을 납득시키고 여운을 남기는 이야기를 한다.
- 요점만 이야기한다. 미사여구는 필요 없고 핵심만 이야기한다.
- 사양하지 않는다. '갑자기 지명받아 준비되어 있지 않습니다.' '말주변이 없어서……' 라는 등의 자기비하는 하지 않도록 한다.

06 ⌛ 전화 커뮤니케이션을 잘한다

::

전화는 직장생활 속에서 빼놓을 수 없는 중요한 의사소통의 수단이다. 또한 업무 진행에 있어서는 매우 중요한 역할을 담당하는 도구이다. 따라서 전화 응대 하나로 회사의 신용을 얻거나 또는 실추시킬 수 있다.

올바른 전화 응대를 하기 위해서는 우선 전화의 특성을 파악하고 올바른 자세로 전화 받는 방법과 거는 방법을 숙달하도록 한다. 따라서 전화 응대의 기본 요령은 고객을 맞이하는 마음으로 발음은 정확하게 그리고 내용은 간단명료하게 말하며 태도는 친절하고 말은 정중하게 표현해야 한다.

특히 전화를 걸든 받든 신분을 먼저 밝히고 통화를 하는 것이 예의이다. 만약 어떤 사람이 전화를 걸었을 경우 '어느 분이라고 전해 드릴까요?' 라고 했을 때 '저는 ○○○라고 합니다.' 는 식으로 본인의 이름을 밝히면 전혀 문제가 되지 않겠지만, '아, 잘 아는 사이인데 그냥 바꿔주시오.'라는 식으로 끝까지 본인을 밝히지 않는 사람이 종종 있다. 이럴 경우에는 '지금 계시지 않습니다. 어느 분이라고 전해 드릴까요?'라고 다시 한 번 문의하고, '아, 그럼 다음에 다시 걸죠.'라는 식으로 상대방이 말을 맺는다면 전화를 끊고 더 이상의 신경을 쓰지 않아도 무방하다고 본다.

왜냐하면 전화로 찾는 사람이 매우 가까운 사이이거나 중요한 용건인 경우에는 자기의 신원을 밝힐 것이기 때문이다. 이름을 밝히지 않는 사람은 그저 안부 정도의 전화를 건 경우가 대부분이라고 보며 이럴 경우 일일이 상사와 통화를 연결시킬 필요는 없다고 본다.

그러나 전화를 자주 해서 상대방이 신원을 밝히지 않아도 잘 알고 있는 경우라면, 상사의 당시 상황을 보고 통화를 할 수 있도록 연결시키도록 한다.

07 ⌛ 회의석상에서의 매너가 좋다

직장인이라면 누구나 회의에 참석하게 되는 경우가 많다. 그런데 간혹 그 회의가 귀찮게 여겨지는 경우도 있다. 그러나 회의에는 개인의 식견과 역량을 표현할 수 있는 좋은 기회가 되기도 한다. 따라서 적극적으로 회의에 참석하여 평상시보다 당신을 더욱 돋보이게 할 수 있는 장場을 만들어 놓는 것도 좋을 것이다. 특히 회의 진행 중에는 매너가 중요하므로 가급적 이석離席하지 않는 것이 좋다. 특별히 중요한 업무나 긴급히 처리할 일은 회의 시작 전에 마무리하여 회의에 방해가 되지 않도록 사전 준비를 해야 한다. 그렇게 함으로써 효율적인 회의가 진행될 수 있기 때문이다.

그러나 경우에 따라서는 회의 진행 중에 급한 상황이 벌어지거나 일이 생겨 불가피하게 나가야 할 경우가 생길 수도 있다. 이럴 경우에는 회의에 방해가 되지 않게 조용히 자리를 뜬다. 그리고 한 번 나가면 일을 정리하고 다시 되돌아와서 착석해도 되지만, 일이 끝나지 않은 상태에서 들어왔다 나갔다 하는 것은 실례가 된다. 이석은 회의 진행이 원활히 운영될 수 있는 한도 내에서 행하는 것이 바람직하다.

〈회의의 기본적인 매너〉

- 회의 시간을 꼭 지킨다.
- 친한 사람끼리 모여 앉지 않는다.
- 발언을 독점하지 않는다.
- 발언권이 없이 진행을 막아 회의 분위기를 망치지 않도록 한다.
- 휴식 시간 이외에는 불필요하게 들락거리지 않는다.
- 회의 시 발언 요령을 숙달해 놓는다.